[英] 温斯顿·丘吉尔—著　　李国庆等—译

CHURCHILL'S MEMOIRS OF WORLD WAR II
丘吉尔二战回忆录

从蚕食到大战

SPM
南方传媒　广东人民出版社

·广州·

图书在版编目（CIP）数据

从蚕食到大战 /（英）温斯顿·丘吉尔著 ; 李国庆
等译. -- 广州 : 广东人民出版社 , 2024. 8. --（丘吉
尔二战回忆录）. -- ISBN 978-7-218-17960-5

Ⅰ. K835.617=5 ; K152

中国国家版本馆 CIP 数据核字第 2024Z5Y698 号

QIUJI'ER ERZHAN HUIYILU · CONG CANSHI DAO DAZHAN
丘吉尔二战回忆录·从蚕食到大战

[英] 温斯顿·丘吉尔 著　李国庆等 译　　　版权所有　翻印必究

出 版 人：肖风华

责任编辑：范先鎣　宁有余
责任技编：吴彦斌
封面设计：贾　莹

出版发行：广东人民出版社
地　　址：广州市越秀区大沙头四马路 10 号（邮政编码：510199）
电　　话：（020）85716809（总编室）
传　　真：（020）83289585
网　　址：http://www.gdpph.com
印　　刷：三河市人民印务有限公司
开　　本：787 毫米 × 1092 毫米　1/16
印　　张：12.75　　字　　数：184 千
版　　次：2024 年 8 月第 1 版
印　　次：2024 年 8 月第 1 次印刷
定　　价：68.00 元

如发现印装质量问题，影响阅读，请与出版社（020-87712513）联系调换。
售书热线：（020）87717307

《丘吉尔二战回忆录》 译者

（排名不分先后）

李国庆	张　跃	栾伟霞	曾钰婷	刘锡赟	张　妮
李楠楠	汤雪梅	赵荣琛	宋燕青	赖宝滢	张建秀
夏伟凡	王　婷	江　霞	王秋瑶	郑丹铭	姜嘉颖
郭燕青	胡京华	梁　楹	刘婷玉	邓辉敏	李丽枚
郭轶凡	郭伊芸	韩　意	李丹丹	晋丹星	周园园
王瑨琎					

战争时： 意志坚定

战败时： 顽强不屈

胜利时： 宽容敦厚

和平时： 友好亲善

致　谢

在本卷①的写作过程中，中将亨利·波纳尔爵士给予了很多军事方面的帮助，艾伦准将在海军方面帮助颇大，牛津大学沃德姆学院迪金上校则在欧洲和一般事务上提供了很多支持，之前他也曾大力支持我的《马尔巴罗传》一书。在措辞方面，爱德华·马什爵士鼎力相助。除此之外，我也对许许多多阅读过原稿并给出建议的其他人士表示感谢。

伊斯梅勋爵也曾经给予我宝贵的帮助，他和我的其他朋友也将在未来继续给予我支持。

感谢英国政府准许复制某些官方文件的文本，这些文本的王家版权归属于英国政府文书局局长，特此致谢。

---

① 原为整套书第一卷，卷名"铁血风暴"，现分为《愚行与危机》《进逼与绥靖》《从蚕食到大战》《晦暗的战局》四册。——编者注

前　言

　　在《世界危机》《东线战争》和《战后》里，我曾叙写第一次世界大战，而我必须承认的是，本书各卷（《愚行与危机》《进逼与绥靖》《从蚕食到大战》《晦暗的战局》等）是一战故事的延续之作。如果这套书全部写成，将会和一战回忆录各卷共同组成另一个"三十年战争"的文字记载。

　　和先前的作品一样，我将尽己所能，效仿笛福在《一个骑士的回忆录》中的写作手法，效仿他以个人经历为线索、按照时间顺序来记叙和讨论重大军事事件和政治事件。我或许是唯一一个经历过有史以来两次最大战争浩劫的内阁高层。在一战里，我虽参与其中但并非身居要职，而到了第二次对德之战，在五年多的时间里，我一直是英国政府的首相。因此，与前面不一样的是，我会从一个不同的角度、以身处更高的政治地位上的视野来进行写作。

　　几乎我的所有公务都是我向秘书口授办理的。在我担任首相期间，我发布的备忘录、命令、私人电报和节略的总字数可达近一百万字。那时，纷杂事务每天接踵而至，处理时仅能依据当时能够得到的信息，那些每天写下的文件难免有许多不足之处。然而这些积累下来，就是当时那些重大事件的真实记录，由主要负责英联邦及大英帝国战争和政策的人所见证。我不知道是否有或曾有过类似的记载，即那种关于战争进程和政府工作的每日记录。我并不会将之称为历史，因为历史是由后人撰写的。但我相信本书会对历史有所贡献，对未来有所帮助。

　　我终生的奋斗都包含和表现在这三十年的行动和主张里，我希望人们据此做出判断。我坚持我的原则，那就是从来不在事后评价任何战争或政策措施，除非我事先曾公开或正式表达过意见或给出警告。事实上，回首往事，我已经把当时很多有争议的严厉之辞改得柔和了。我在记录与很多我喜欢或尊敬的人的分歧之时，我非常痛苦，但如果不把这些教训作为未来之鉴，那是不对的。本书记载了众多品德高尚的人的种种事迹，但愿没有人会轻视他们，而是去扪心自问、检讨自己，以史为鉴，指导日后的行为。

我不会指望人人都赞同我所说的，更不会只写那些迎合大众的内容。我会据己所见做出论证。我会慎重验证事实，但随着截获文件的披露或其他信息的曝光，新的证据会不断出现，这或许会让我之前所下的结论呈现出新的一面。这就是在一切水落石出之前，以当时可信的记录和记下的观点为依据的重要性。

有一天，罗斯福总统告诉我，关于这场大战该冠以何名，他正在向大众征集意见。我立刻回答："不必要的战争。"从来没有哪一场战争会比这场更容易加以制止，它摧毁了在上次大战中留下的一切。在上亿人做出了努力和牺牲、在正义的事业取得了胜利之后，我们依然没有获得和平或安全，而且相比于之前所征服的困难，我们现在还陷入了更为糟糕的境地，全人类的悲剧由此达到顶峰。我诚挚地希望，这些过往可以给未来以指引，新一代可以修正之前犯下的错误，根据人类的需求和荣誉，对徐徐展开的糟糕的未来加以掌控。

温斯顿·丘吉尔

于肯特郡，韦斯特勒姆，恰特韦尔庄园

1948 年 3 月

目 录
CONTENTS

第一章

ONE

德意的步步蚕食

德军向捷克斯洛伐克边境集结——内阁的乐观主义——希特勒入侵捷克斯洛伐克——苏联政府建议召开六国会议——英国对波兰的保证——意大利在阿尔巴尼亚登陆——英国地中海舰队的错误部署——德国吞并捷克斯洛伐克后取得战略优势——英国政府实行征兵制——反对派（工党和自由党）的软弱态度——英国国内掀起成立联合政府的浪潮

张伯伦依旧认为，他只需亲自同德意两国独裁者面谈就能大大改善世界局势，但他不知道这二人的如意算盘早就打好了。张伯伦还满怀希望地提议，同哈利法克斯勋爵在1月份一同访问意大利。拖延了一些时间后，意大利才提出邀请。最后，双方于1月11日举行了会谈。在《齐亚诺日记》里，我们得知了意大利背地里对英国及英国代表的各种议论，不免使我们顿觉颜面扫地。齐亚诺写道："这次访问本质上说是很低调的，双方的交流也没有什么实际意义。我们和这群人真是隔了十万八千里！简直不是一个世界的人。晚餐后，我们和墨索里尼总理说起这件事。他说，这群人跟缔造了大英帝国的弗朗西斯·德雷克船长和其他伟大的冒险家相比，压根就不是一类人。说到底，他们不过是富贵世家没出息的末代子孙。"齐亚诺还写道："英国人不想打仗。虽然他们在退让时有意拖延时间，但他们并不想打仗。我们和他们的谈判已经结束，但毫无成效可言。我曾致电里宾特洛甫，并向他表示，这次谈判虽然非常失败，但无伤大雅。当张伯伦的火车开动时，他的侨胞们唱着：'他真是一个可爱的好人。'听到这些，张伯伦热泪盈眶，而墨索里尼问道：'这是什么歌啊？'"两个星期以后，齐亚诺在日记中继续写道："珀斯勋爵把张伯伦准备在下议院发表的演说提纲交给我们，还表示如果有必要，我们可以提出修改意见。墨索里尼总理认可了这份演说提纲，并说英国政府领导人向一个外国政府递交演讲稿的事，这真是前所未有。这对他们来说可不是什么好事啊。"然而，最终走向绝路的却是齐亚诺和墨索里尼。

与此同时，1月18日，里宾特洛甫在华沙对波兰展开外交攻势。德国吞并捷克斯洛伐克后，便立刻包围了波兰。这次作战的第一步就是，声明德国在但泽的主权，并把波罗的海的控制范围延伸至立陶宛的重要港口梅默尔海港，从而切断波兰的海上通道。面对德国的压迫，波兰政府奋起抵抗。对此，希特勒只好暂时保持观望态度，静候战争时机的到来。

3月份的第二个星期，有谣言称德奥境内（尤其是在维也纳至萨尔茨堡地区）军队调动频繁。据报告称，德国已将四十个师纳入了战时编制。斯洛伐克人一心认为会得到德国的支持，正计划脱离捷克斯洛伐克共和国。见日耳曼民族的矛头已转向，贝克上校不禁松了口气，并在华沙公开宣布，德国政府对捷克斯洛伐克人民的愿望深表同情。希特勒按照国家总理级的礼遇，在柏林接待了捷克斯洛伐克领袖蒂索神甫。3月12日，有人在议会上向张伯伦先生问起保证捷克斯洛伐克边界的问题，他提醒议会说，这项提议只是为了抵制无故的侵略，而且现在这类侵略事件并未发生。但是用不着等待多久，这种侵略就发生了。

*　　*　　*

3月份，整个英国都一反常态地保持着乐观情绪。尽管捷克斯洛伐克内外都面临着来自德国的巨大压力，但英国各大臣和各个报纸无视不断恶化的捷克斯洛伐克形势，仍旧一如既往地拥护《慕尼黑协定》。纳粹德国不断制造各种阴谋并在国内展开明显的军事调动，从而导致了斯洛伐克被割让；但即便如此，内政大臣仍在3月10日向选民宣扬对"五年和平计划"的期望，声称这个计划将缔造一个所谓的"黄金时代"。当时，英国还满怀希望地与德国商讨订立贸易协定的问题。著名的《笨拙》杂志刊登了一幅漫画：画中的约翰牛从噩梦中惊醒后松了口气，所有扰乱他的邪恶之声、虚幻景象和种种猜疑都飞出了窗户。就在漫画刊登当天，希特勒向岌岌可危的捷克斯洛伐克政府发出最后通牒，而这个国家早已因慕尼黑协定丧失了边界防线。随后，德国军队开进了布拉格，并彻底控制了这个毫无抵抗力的国家。我记得，当报道这些事件的晚报送来的时候，我正和艾登先生坐在下议院的吸烟室里。对于突如其来的暴行，就连我们这些对未来不抱幻想并竭力证明这种危险局势会随时发生的人都大为吃惊。让人难以置信的是，掌握着所有秘密情报的英国政府竟也是一头雾水。3月14日，捷克斯洛伐克共和国瓦解。斯洛伐克人正式宣布独立。匈牙利军队则在波兰的暗中支持下，如愿以偿地开进了捷克斯洛伐克东部省份喀尔巴阡—乌克兰。希特勒抵达布拉格后，便宣布德国为捷克斯洛伐克的保护国，至此捷克斯洛伐克并入了德国。

3月15日，张伯伦不得不向下议院报告："今早六点德军开始攻占波西米亚。捷克斯洛伐克人民已接到政府不得反抗的命令。"张伯伦继续表示，他认为之前对捷克斯洛伐克所做的承诺已不再有效。五个月前，在慕尼黑会议结束后，自治领事务大臣英斯基普爵士提及过这项保证："英国政府在道德上有义务遵守对捷克斯洛伐克的承诺（虽然实际上也有此义务）。因此一旦捷克斯洛伐克遭到无故侵略，英国政府务必竭力确保捷克斯洛伐克的领土完整。"然而首相却说："直到昨天，这个担保还是有效的。但斯洛伐克国会宣布独立后，局势就已经变了。虽然我们曾承诺保卫捷克斯洛伐克的领土完整，但那个国家已经因内部分裂而灭亡了，那么英国政府也就不再承担相应的义务了。"

这种局面似乎已经无法挽回。张伯伦最后总结道："诚然，我对目前发生的一切深感遗憾和难过，但我们不能因此而偏离了自己的目标。我们要谨记，世界各国人民依然寄希望于和平。"

张伯伦预计会于两天后在伯明翰发表演说。我认为他会欣然接受

发生的一切，因为这才符合他在议会所做的声明。我甚至想象他会夸赞英国政府在慕尼黑问题上有先见之明，从而使大不列颠避免了与捷克斯洛伐克及中欧各国落得同样的下场。他或许会说："去年9月，幸亏我们决定不插手欧洲大陆的这场争斗！这些国家之间的纷争跟我们有何相干？现在我们可以让他们在不流血和不伤财的情况下自行解决彼此之间的争端。既然慕尼黑会议一致同意分裂捷克斯洛伐克，而且大多数英国人，但凡了解局势的，也都会同意这种做法，那么英国的这种决定就是合情合理的。这也是那些最积极拥护《慕尼黑协定》的人所持的观点。"由于估计张伯伦会这样发表自己的观点，所以我带着蔑视的态度等着张伯伦在伯明翰的演说。

然而，首相的反应着实令我吃惊。张伯伦一直认为自己很了解希特勒的性格，而且能敏锐地洞察到德国行动的局限性。他满怀希望地相信，慕尼黑会议是一个具有重大意义的会议，因为他与希特勒以及墨索里尼的合作会令世界不再为战争惶恐。但如今这一切就像一场突如其来的爆炸，将他的信念以及他的言行所带来的一切成果都炸得粉碎。他在判断上严重失误，不仅自欺欺人，还将自己的错误观点强加给唯命是从的同僚和不满协定的英国舆论，这些都是他应该承担的责任。然而此刻，张伯伦顷刻间从过去的错误中毅然决然地转变过来了。如果说张伯伦看错了希特勒，那希特勒也完全低估了这位英国首相的性格。希特勒错误地认为张伯伦祈求和平的热情完全说明了他的性格，就好比他那把遮风避雨的伞。他没有意识到，内维尔·张伯伦实则是个内心强大、不甘受骗的人。

张伯伦这次在伯明翰的演说论调与以前大不相同。他的传记作者说："他的口气和以前很不一样。他获得了更充分的消息，知道议会、公众和各自治领都坚决反对和谴责希特勒，于是把早就拟好的有关国内问题和社会福利的长篇大论抛到一边，迎难而上，直面问题。"他谴责希特勒公然违反《慕尼黑协定》，并引用了希特勒当初的各种诺言："这是我在欧洲提出的最后一个领土要求。""我保证不会再对捷克有任何企图，也不会再将任何一个捷克人纳入德国。"首相在演讲中说：

"我相信在慕尼黑会议后，大多数英国人民都和我一样衷心希望，德国能够切实履行《慕尼黑协定》。但今天，我和英国人民都感到同样的失望，同样的义愤填膺，因为和平的希望就这样被对方肆无忌惮地破坏了。这周发生的种种事件和我刚宣读的有关希特勒的那些保证，怎么能说是一致的呢？"

"这个骄傲勇敢的民族突然遭受侵略，进而自由被剥夺、国家独立尽失，谁能对此不表现出发自内心的同情呢？如今我们得知，捷克斯洛伐克的骚乱是导致其领土被占的必然原因。但如果那里发生骚乱，难道不是外国煽动起来的吗？这场侵略究竟是德国对小国的最后一次进攻，还是说会迎来新一轮进攻？德国岂不就是企图用武力来称霸这个世界吗？"

首相这番话和他两天前在下议院发表的声明，无论在态度上还是政策上都截然不同，这实在令人难以想象。这段时间，他一定压力很大。3月15日他还说："我们不能偏离和平目标。"而这次演说却彻底推翻了这个说法。

张伯伦的转变并非只是停留在口头上，内心也发生了巨大的变化。在希特勒的名单上，下一个要遭殃的"小国"便是波兰。由于事关重大，张伯伦必定要同相关人士磋商，因此这段时间他必然极其忙碌。两周后（3月31日），首相在议会上发表讲话：

> 现在我必须通知议院，一旦德国有任何明显威胁波兰独立的行动，而且波兰政府也认为必须发动全国力量进行抵抗，英国政府定会立即给予全力支持。对此，英国政府已经向波兰政府做出了保证。
>
> 另外，法国政府已授权我代其明确表示，他们在此事上将与英国政府站在同一立场……（而后又说）各自治领已经详细了解了这个情况。

现在可不是翻旧账的时候。议会各党派领导人及各界都保证支持波兰。我当时也表态说："上帝保佑，我们已经别无选择了。"已经走到这一步，只能作出承诺了。所有清楚局势的人都确信，我们十之八九会卷入一场大战。

*　　*　　*

一群心怀善意、才华出众、有能力解决问题的人，由于对时局判断错误而做了错事，现在酿成了悲剧。鉴于我们已经走到了如此地步，那些对此负有责任的人无论动机多么崇高，都应受到历史的谴责。现在，请回头看看我们都做了哪些隐忍和割舍：德国违背条约重整军备；英国丧失了空军优势，甚至丢掉了空军均势；德国强占莱茵兰并已建好（或正在修建）齐格菲防线；柏林—罗马轴心成立；德国吞并奥地利；捷克斯洛伐克因《慕尼黑协定》遭到毁灭；捷克斯洛伐克的防线落入德国手中；捷克斯洛伐克强大的斯柯达兵工厂从此开始为德军制造军火；罗斯福总统力图通过美国干预稳定欧洲局势，但遭到忽视和拒绝；此外，苏联也明确表示希望联合西方各国，竭力援救捷克斯洛伐克，但无人理会；当时在英国只能提供两个师来加强法国前线的情况下，捷克有三十五个师可用来对付装备欠佳的德军，但这一主张却遭放弃。如今，这一切都已成为过眼云烟。

如今，当所有援助与优势都付诸东流时，英国却拉着法国的手要去保卫波兰的领土完整；而仅仅在六个月之前，这个波兰还像一只饿狼，参与了贪婪掠夺和摧毁捷克斯洛伐克的行动。我们在 1938 年协助捷克斯洛伐克作战是明智之举，因为那时德军还不一定有能力向西线派出五六个训练有素的师，而法国却能指挥六七十个师的兵力，浩浩荡荡穿过莱茵河或挺进鲁尔。但当时，只要是提到战争，就会被认为鲁莽无理，不符合当代人的智慧和道德水平。但现在，英法这两个西方民主大国却宣称，他们已准备将自身安危同波兰领土完整系于一线。历史往往记录人类的罪行、愚昧及痛苦，或许我们应该悉心梳理一番，看是否能够找出同样的事例：实施息事宁人、温和的绥靖政策长达五六年，突然几乎一夜间彻底转变了立场，心甘情愿准备迎接显然是迫在眉睫的战争，而这场战争比起以前，形势要严峻恶劣得多，规模也要浩大得多。

另外，我们该如何保护波兰并履行自己的诺言呢？唯一的办法就是向德国宣战，向曾经在 1938 年 9 月将我们吓退的"西墙"和德军发起进攻，而如今他们的实力更加强大，因此这既是一连串通向灾难的里程碑，也是在向日益强盛的德国一次次的屈服。开始时我们有力量轻易对付，随着他们的日益强大，取胜就显得越来越难。但如今，英法两国终于彻底改变了屈服的姿态，这个转变态度的决定是在对他们最糟糕的时刻和最不利的条件下做出的，因此必然会导致千百万人遭受屠杀。先是把所有的资产和有利条件肆意挥霍殆尽，然后用颠倒黑白、精心刻画的辞藻宣称决意为正义的事业而殊死战斗。如果你可以在无须流血便能轻易获胜的情况下不为正义而战，如果你只需付出微弱代价便能稳操胜券时不为正义而战，那么有朝一日就只能在极其不利的形势下，在生存希望微乎其微的时候，被迫进行战斗了。更糟的是在无望取胜的情况下不得不背水一战，毕竟战死沙场总比活着当亡国奴好。

* * *

伯明翰演说拉近了我与张伯伦之间的距离，随后我给他写了一封信。

> 恕我冒昧，我要重申昨天下午在议会会客室向您提出的建议，即立刻全面开展防空准备工作。这种准备不会被认为是侵略性行动，只会彰显英政府在欧洲大陆采取行动的严肃态度。而且把将士们集结在一起也会不断提升他们的作战效率。在国内，这种安排只会增强人们的信心而不是制造惊恐，因为只有希特勒才是我忧心的重点。这个时候，他一定处于

高度紧张的状态，因为他知道我们正在组建联合部队来抵抗他的进一步侵略。有他这样一个人在，什么事都有可能发生。伦敦或飞机制造厂都有可能遭遇突袭，其中我更担忧后一种情况；但如果他们事先知道我们早有准备，那么这种诱惑也许就不复存在了。事实上，这种突袭或许并不会出现，所以我们要消除可能引发极端暴行的诱因，凡事要以更为谨慎的态度进行商讨。

1914 年 8 月，我曾劝阿斯奎斯先生让我将舰队调往北部，以便在外交途径解决问题无望之前，舰队就能跨过多佛尔海峡、英吉利海峡和爱尔兰海峡。在我看来，眼下防空人员的配备也面临类似情况。在此提及这方面情况，望见谅。

* * *

捷克斯洛伐克沦陷时，波兰无耻地占领了特申。但他们很快就要为自己的可耻行径付出代价了。3 月 21 日，里宾特洛甫接见了波兰驻柏林大使利普斯基先生。比起之前的讨论，他这次的言辞显得更加犀利尖刻。德国占领了波西米亚并成立了斯洛伐克卫星国后，便趁机将军队开到波兰南部边界。利普斯基告诉里宾特洛甫，波兰的普通民众不理解为什么德国会保护捷克斯洛伐克，他们认为这种保护措施是直接针对波兰的。他还询问了里宾特洛甫与立陶宛外交部部长近期的会谈情况，并问及这是否会影响到梅默尔。两天后（3 月 23 日），他便得到了回复——德军占领了梅默尔。

在抵抗德国侵略方面，东欧地区已经到了黔驴技穷的地步。如今，匈牙利已加入了德国阵营。曾对捷克斯洛伐克局势袖手旁观的波兰，不愿同罗马尼亚密切合作；无论是波兰还是罗马尼亚，都不会让苏军越过他们的领土去对抗德国。因此，形成"大同盟"的关键在于同苏联达成协议。3 月 21 日，深受时局影响的苏联政府虽然在慕尼黑危机中被拒之门外，但此时还是提议召开六国会议。对此，张伯伦早有一番坚定的见解。3 月 26 日他在个人信件中写道：

> 我不得不承认自己对苏联极不信任。就算苏联愿意参战，我也不相信它有能力保持有效攻势。至于它的动机，我也抱有怀疑；因为苏联的动机似乎和我们的自由理念毫无关系，它只会挑拨是非，唯恐天下不乱。另外，还有不少小国对苏联十分憎恨、心怀质疑，尤其是波兰、罗马尼亚和芬兰。

因此，苏联有关六国会议的提议备受冷落并被取消了。

根据英国官方的分析，劝说意大利脱离轴心国的希望很大，但现在这种可能性正在逐渐消失。3 月 26 日，墨索里尼发表了言辞激烈的演说，并针对法国提出了意大利对地中海地区的要求。他也正暗中计划扩张意大利在巴尔干半岛和亚得里亚海的势力，以便在中欧同德国势力保持均衡。目前，墨索里尼入侵阿尔巴尼亚的计划已准备就绪。

3 月 29 日，张伯伦在议会宣布，计划将本土防卫军扩充一倍，其中包括文件上增加的二十一万人（没有装备）。4 月 3 日，希特勒的总参谋长凯特尔秘密发出 "1939—1940 年武装部队指令"，代号为 "白色计划"，将矛头直指波兰。希特勒继续下达指令："必须做好准备，以便能在 9 月 1 日起随时采取行动。"

4 月 4 日，政府在萨沃伊饭店宴请波兰外交部部长贝克上校，并邀我一同出席。贝克上校是来伦敦进行重要的官方访问的。去年我曾在里维埃拉认识了他，当时我们两人曾在一起共进午餐。我问他："您回国之时，不知您的专列是否能够安全取道德国回到波兰？"他回答说："我想目前还是没问题的。"

*　　*　　*

如今，新的危机又出现了。

1939 年 4 月 7 日黎明，意军在阿尔巴尼亚登陆后，经过很短促的

战斗，就占领了整个国家。正如捷克斯洛伐克将作为德国入侵波兰的基地一样，阿尔巴尼亚也将会成为一个跳板，辅助意大利进攻希腊，并迫使南斯拉夫中立。英国政府早已承担起了维护欧洲东北部和平利益的义务。可东南欧的威胁又该如何解决呢？这艘和平之舟早已是遍布漏洞了。

4月9日，我致信首相：

> 我希望最迟能在星期二再召集议会。我之所以写这封信给您就是为了说明，我多么希望您在议会发表声明时，也能像对待《波兰协定》那样，提议建立联合战线。
>
> 眼下，我认为时间很重要，恢复外交主动权已是刻不容缓。但如今，发表声明、废除《英意协定》或撤回英国大使等举措都已无济于事了。
>
> 星期日，各报纸都在大肆宣传，我们将为希腊和土耳其提供和平保障。同时我还注意到，有几家报纸谈到英国海军已占领了科孚岛。如果我们真的采取了这个行动，那将是对维护和平提供了最好的机会。但另一方面，如果我们没有占领科孚岛，而意大利从媒体获悉了这个消息，且为形势所迫的话，我认为意大利会迅速夺取科孚岛，那么到时候再想夺回科孚岛，恐怕就是白日做梦了。此外，如果我们先发制人拿下了科孚岛（当然要经过希腊允许），那么只要有英国军舰遭到袭击，就会使墨索里尼面临对英进行侵略战争的指控，其直接后果便是为意大利国内反对同英交战的人提供了一个绝佳的反对政府的机会。这不但不会加剧目前出现的严重危机，反而会使危险减少，但必须今晚就采取行动。
>
> 现在，整个巴尔干半岛的情况十分危险。如果这些国家仍旧一直处在德意两国压迫之下，而我们又像他们想的那样不采取任何行动，他们将被迫向德意妥协，以便为自身争取最有利的条件。到那时，我们该是多么的孤立无援啊！如果

我们因为要对波兰承担责任而卷入到东欧事务的纠纷中去，我们将会放弃组建一个大同盟的希望，但只有这个大同盟行使权力才能使我们获救。

在写以上内容时，我还不清楚我方地中海舰队现在的情况。舰队当然应该集中在海上，并应保持适当距离，不要过于紧凑，但应能相互接应。

但事实上，英国地中海舰队正分散在各处。我方的五艘主力舰中，一艘在直布罗陀，另一艘在东地中海，其余三艘停靠在相隔很远的意大利各海港内外，其中两艘还没有小型舰队的掩护。驱逐舰队散布在欧洲和非洲沿海一带。大批巡洋舰集中在马耳他港，没有火力强大的战列舰护航。我方地中海舰队因部署分散，实力受到一定程度的损害，但我们得知意大利舰队正集中在奥特朗托海峡，正在集结登舰，准备开始某些重大的冒险行动。

4月13日，我在下议院对这些漏洞百出的舰队部署提出质疑：

英国人有过周末的习惯，对适逢教会节日的假期也很重视，其他国家对此早有研究。耶稣受难日正好是议会解散后的第一天。听说耶稣受难日这天，英国舰队还是按照惯例开展假日活动，所以舰队才会这样四处分散。我深信，如果当时我们的舰队已集结完毕，并在爱奥尼亚海南部海域四处巡视，意大利就绝不敢冒险进攻阿尔巴尼亚。

经历了二十五年的战乱与和平，我相信英国情报局的工作水平应是世界一流的。但通过德国征服波西米亚和意大利入侵阿尔巴尼亚事件，我们会发现，英国大臣们显然对即将发生的事要么是一无所知，或者至少是知之不多。我认为这并不是英国情报局的过失。

就在德国侵略波西米亚的前夕，英国大臣们怎么还能沉浸在所谓的"愉快的谈话"中，还能预言"黄金时代就要降

临"呢？当某件异乎寻常的事即将发生，并会造成不堪设想的后果时，为什么上星期假日的旧规定竟还照常实行，还要照常开展假日活动呢？在我看来，如果英国大臣们针对情报局收集并及时上报的情报，只是按照他们自己认为的影响力与重要性进行筛选、标注和缩减；如果他们随心所欲，只重视那些世界和平不应该被破坏的信息，因为这些信息符合他们真诚而又崇高的愿望，那他们就是在冒最可怕的风险。

　　所有事情都在同一时刻发生了，年复一年，月复一月地向前推进。当我们还在对某些事情构思谋划时，人家早就行动起来了。如今，危险近在咫尺，欧洲大部分国家才展开大规模征兵动员。上百万士兵正积极备战；各国边界都以重兵防守，到处都是一副即将拉开新一轮战斗的架势。一旦开战，我们定会卷入其中，这还会有什么疑问吗？考虑到所发生的一切，我们不再像两三个月前那样静观局势变化，而是已经全方位地承担了义务。这样做在我看来是理所应当的。我们也曾直接或间接地向多个国家做出了承诺，在这里就不逐一赘述了。一年前，我们在各方面的力量都占据优势，当时我们连做梦都想不到要做的事情，甚至在一个月前也一样，而现在我们都将不得不去做了。当然，如果我们想把整个欧洲从危险的深渊边缘拉回来，如果我们想把整个欧洲拉回到法治与和平的高地，我们就必须树立光辉的榜样，勇往直前，不能有任何退缩。面对这种局面，我们又怎能继续待在家里享受舒适安闲的生活，怎么能连"强制"这个词都不愿说出口？怎么能不采取必要措施履行对军队的承诺——征召士兵和配备武器呢？充满仇恨的暗流正从四面八方向我们涌来，让我坦率和真诚地说——我们又怎能不抓紧分秒把全国兵力纳入军队编制呢？

　　几天后，我在致哈利法克斯勋爵的私人信件中，再次表达了我对

舰队部署的不满：

> 我们的舰队部署真是令人费解。首先，海军大臣于周二晚（4月4日）介绍了本土舰队的紧张备战状况，说是高射炮手们必须坚守岗位、寸步不离。这种紧张状态主要是由一封可怕的电报引起的。但在我看来，这种警戒程度有些过头了。其次，地中海舰队正如我向议院描述的那样，处于四处分散、易受攻击的混乱状态；另外，报上刊登的照片显示"巴勒姆"号竟停靠在那不勒斯码头。目前，地中海舰队已在适当海域集结，所以地中海方面情况一切顺利。然而，国内又出现了准备不足的问题。由于大批炮手都在休假，所以几天来大西洋舰队除了几门高射炮外，整体处于无战斗力状态。在这个时候，谁会想到至少应该把休假错开一下。另外，所有的扫雷舰都还处在改装阶段，因此无法使用。以上情况有哪一点符合周二所说的紧张备战状态呢？看来这严重背离了持续合理的警戒规定。毕竟，目前的情况从原则上看跟上周没有什么不同。由于第一海务大臣现在身患重病，我猜想许多重担会落在斯坦诺普身上。
>
> 我写这封信是专门为了告诉您个人，以便您能亲自查证这些事实。还请严守秘密，因为我不想为这事惊扰首相，但我认为您是应当知道这些事情的。

*　　　*　　　*

1939年4月15日，德国宣布波西米亚和摩拉维亚为其保护国后，戈林会见了墨索里尼和齐亚诺，目的是向意大利介绍德国的备战进展情况。我们找到了这次会谈的记录，其中记录了戈林这样一段话："捷克斯洛伐克拥有重型武器，因此无论在什么情况下（哪怕是在签订《慕尼黑协定》后），一旦发生严重冲突，局势都会非常危险！德国的行动缓和了两个轴心国的局势，其中一个原因是，捷克斯洛伐克的巨大生产力已转移到德国，提升了其经济潜力，从而增强了轴心国与西方国家对抗的实力。而且就算发生更大规模的冲突，德国不用一个师就能挡住捷克斯洛伐克。说到底，德意两大轴心国都能从这个有利条件中获益。德国在捷克斯洛伐克采取的行动，完全是为了轴心国的利益。现在，德国可以两翼夹攻波兰，还能在二十五分钟内飞抵波兰新工业中心。由于地处边境，这个新工业中心现已迁往内地，和波兰的其他工业区离得更近了。"

几年后，约德尔上将在一次演说中讲道："1938 年秋至 1939 年春，我们和平解决了捷克冲突，并将斯洛伐克并入了德国，实现了大德意志的领土统一。这为我们目前在较为有利的战略前提下考虑波兰问题提供了可能性。"

就在戈林访问罗马的当天，罗斯福总统给希特勒和墨索里尼发送了一封私人信函，劝他们保证在十年，或者"如果我们把眼光放长远些，二十五年内"不再侵略他国。墨索里尼这位意大利政府首脑最初拒绝看这封信，随后评论道："这就是小儿麻痹症的后果！"可他万万没想到自己将来的下场会更惨。

＊　　　＊　　　＊

虽然此前首相一再保证不会征兵，但是在 4 月 27 日，张伯伦先生仍旧做出了征兵的重大决定。这次迟来的醒悟得归功于陆军大臣霍尔·贝利沙先生。他冒着葬送自己政治生涯的风险同首相商谈多次，着实令人钦佩。经过这次严峻的考验，我在霍尔·贝利沙先生身上看到了他的优秀品质。在这段时期，他从不敢确定哪一天就会结束自己的工作丢了职位。

当然，在这个阶段实行征兵，还不能立刻组成一支军队。当时只征召二十岁的男子；他们还得接受训练；在训练之后，还得给予其武器装备。不过，对于法国、波兰和其他获得我国慷慨保证的国家来说，

这是最重要的。在辩论中，反对党未能履行他们的职责。自由党和工党在英国自古以来反对征兵的偏见面前退缩了。工党领袖提出如下动议：

> 在我们准备采取一切必要步骤来保卫国家的安全和履行国际义务的时候，本院对于政府违背诺言、废弃志愿入伍的原则深表遗憾。本院认为现在所提出的措施，实有考虑不周之处。非但不能显著增强国防实力，反而会招致分裂，并且使全国的努力受到挫折。这进一步证明政府在这个紧急时期所采取的措施不能取得全国人民和本院的信任。

自由党和工党领导人迫于其政党的立场而反对政府的征兵政策，虽然他们忧虑重重，但依旧搬出了一大堆反对理由。表决时，各党根据自身的政治路线投票，最后保守党以三百八十比一百四十三的票数获胜，并得以成功地实施其政策。我曾在演说中力劝反对党支持这项必要的征兵措施，但都是白费口舌。但我完全理解他们的难处，尤其是他们在应付自己所反对的政府时所遇到的难处。我必须把这个事件记录下来，因为自由党和工党都因此被剥夺了谴责此时政府的权利。他们极其清楚地展现了他们对当前局势所采取的手段。不久他们就采取了一种更为现实的手段。

*　　*　　*

虽然张伯伦依旧希望避免战争，但如果战争来临，很显然他绝不会退缩。他的传记作者法伊林先生说，张伯伦曾在日记中写道："战争爆发的可能性越大，丘吉尔（进入政府）的机会就越大，反之亦然。"这话不免透着一丝轻蔑的意味。我除了希望再次担任大臣外，还有很多其他想法。同时，我也清楚为什么首相会这么说。一方面，如果战争爆发，他就必须求助于我，而我也绝不会拒绝，这一点他心知肚明。

另一方面，他担心让我进入政府后，希特勒会将其视为一种敌对行为，从而导致仅有的争取和平的机会也将化为泡影。首相这么想是正常的，但不正确。即便如此，他也不能因此受到谴责，张伯伦先生不愿因为下议院某一议员的加入而使严峻微妙的局面更加恶化，这也是无可厚非的。

3月份，我同艾登先生及三十位保守党人提出了成立联合政府的议案。夏季，这个提案在国内引发轰动，人们纷纷支持成立联合政府，或主张至少让我和艾登先生入阁。保持中立的克里普斯爵士对这场国家危机深感焦虑。他同我以及其他英国大臣都见过面，目的是建立一个他所说的"全民政府"。我对此无能为力，对此贸易大臣斯坦利先生备受触动。于是他写信给首相，表示如果他的离开有助于政府改组，他愿意主动请辞。

斯坦利致首相：

在您焦虑苦恼之际给您写信，我实感犹豫。但事情紧急，还望您能谅解。我想所有人都认为，避免今秋作战的唯一办法，就是告诉希特勒我们一定会履行对波兰的义务，而且他的侵略行动必然会引发一场大战。我们所有人也一定都在想：有没有一种行动既不会因为太具有威胁性而招致报复，又具有引人注意的戏剧性。我想如果可行的话，最有效的办法就是立刻成立一个专门应付战争的政府。因为这既能有力证明举国上下团结一致、坚决抗战的决心，又能对德国和美国产生巨大的影响。另外，如果在最后时刻，还有可能获得令人满意的解决方案，那么由这样一个政府来调和会容易得多。当然，您一定考虑过成立这种政府，也一定比我更清楚可能遇到的困难。但我还是打算写这封信，一来表达我的观点，二来向您承诺：如果您真的考虑过这种办法，那么我和各位同僚将不论职位高低，也不论能否进入政府，都愿竭诚为国效力。

1939 年 6 月 30 日

首相公开表示很满意这个主张。

过了几个星期，从 7 月 3 日《每日电讯报》的首次报道到《曼彻斯特卫报》浓墨重彩的介绍，几乎所有报纸都纷纷响应这个提议。看到舆论每天不断重复这些说法，我感到非常震惊。数周来，上万张巨型海报霸占了各大城市的广告牌，内容是"丘吉尔必须回到政府"。还有大批青年男女在身前身后挂着写了同样标语的牌子，自发地在下议院门前游行。这些煽动性宣传都与我无关，但如果是政府邀请我加入，那我一定会听从安排。这次又走运了。但其他事情却按照"想法合乎情理——过程顺理成章——结局可怕骇人"的顺序演变着。

TWO

苏联与英法未结盟之谜

希特勒废除《英德海军协定》和《德波互不侵犯条约》——苏联建议成立三国同盟——与苏联接壤的国家左右为难——李维诺夫被免职——英苏谈判——有必要联合苏联——德意缔结"钢铁盟约"——苏联的外交策略

眼下，英国和德国之间所有的关系已经到了山穷水尽的地步。我们很清楚，自希特勒掌权以来，英德两国就从未有过真正意义上的友好关系。希特勒一心想通过威逼利诱，避免英国插手其东欧行动。张伯伦则希望能够安抚、改造并教化希特勒。可惜英国政府的最后一丝幻想也化为了泡影。内阁终于相信，纳粹德国的意图就是要发起战争。于是，无论英国能否提供有效的帮助，首相向各个敞开大门的国家都做出保证并与之结盟。我们不仅向波兰还对罗马尼亚做出了保证，此外，还与土耳其结为同盟。

现在我们不得不回顾一下张伯伦在慕尼黑同希特勒签订的那份让人痛心的文件，那张张伯伦在赫斯顿下飞机时得意扬扬地向人群挥舞着的倒霉纸片。这份文件共签订了两份盟约，即《慕尼黑协定》和《英德海军协定》，张伯伦自认为这是属于他与希特勒及英德两国之间的条约。然而，捷克斯洛伐克的沦陷打破了第一份条约，现在希特勒又在破坏第二份条约。

4月28日，希特勒在国会发表演说：

今天，英国通过报纸和官方渠道表示，无论如何都要与德国为敌。为了证实这一点，他们还推行了关于包围德国的

政策。由此可见，《英德海军协定》的基础已经不复存在，所以，我决定今天就此事致电英国政府。这封信函只是出于自尊心，没有什么实质性意义，因为我还是希望避免同英国兵戎相见。但如果英国政府愿意和德国进一步协商这个问题，而且双方能坦诚相待，达成谅解，没有人会比我更高兴。

在希特勒推行其政策的关键时刻，《英德海军协定》令他大获裨益，而现在希特勒却把这个条约说成是对英国的一种恩惠，并且为了表示德国的不满，他准备撤销这些恩惠。德国元首向英国政府表示，他愿意同英国政府进一步商讨海军问题，甚至希望以前上过他当的人能继续实行绥靖政策。而现在这个海军条约对他已是一文不值了。他有意大利同他合作，并拥有空军优势；他霸占了奥地利、捷克斯洛伐克以及这两个国家的所有资源，同时还拥有"西墙"的防御工事。单从海军方面看，希特勒早就把所有协定都抛在了脑后，马不停蹄地赶制潜艇。实际上，希特勒形式上早就援用了条约规定的权利，建造了与英国相同数量的潜艇，任何东西都丝毫不能影响德国建造潜艇的计划。但在大型舰艇方面，虽然海军协定给予了他许多慷慨的许诺，但希特勒心有余而力不足，无法全部消受，因此就厚颜无耻地进行了巧妙的表演，把条约迎面扔回给了那个制订这个条约的傻瓜。

也是在这次演说中，希特勒还宣布废除了《德波互不侵犯条约》。他把这种违约行为直接归咎于英国对波兰所做的保证："如果英国卷入德国与波兰或是其他任何国家的冲突，《英波协定》将在某种情况下迫使波兰向德国采取军事行动。《英波协定》有违当初我与毕苏斯基元帅所订立的协定。因此我认为波兰已经单方面违反了公约，所以我与波兰所签署的公约也就不复存在了。我已向波兰政府发出牒文说明了情况。"

当研究完希特勒的这篇演说后，我在文章中写道：

很明显，现在纳粹德国对波兰虎视眈眈。希特勒的几次

演说并不一定能体现他的真正意图，但上周五的那场表演目的显然是孤立波兰，用冠冕堂皇的理由对波兰展开猛烈的攻击，并对它施加强大的压力。这位德国独裁者似乎认为，只要他所提出的要求仅限于但泽与挪威走廊两地，《英波协定》就无法实施。显然，他是想诱导那些当初高呼"谁会为了捷克斯洛伐克而战？"的英国人，使他们受到蛊惑而大喊："谁会为了但泽和挪威走廊而战？"不过他似乎没有意识到，由于他对《慕尼黑协定》的背信弃义，已经使英国舆论发生了巨大的转变；由于他的暴行，英国政府尤其是首相已改变了政策。

1934 年《德波互不侵犯条约》被废除，这一举动十分危险。就在今年 1 月，里宾特洛甫访问华沙时，这份条约才恢复。如同《英德海军协定》，这份条约也是按照希特勒的意愿签订的，并给德国带来了极大的便利。在德国尚显脆弱时，这两份协定都起到了缓解德国局势的作用。事实上，海军协定的签订相当于英国宽恕了德国违反《凡尔赛和约》，而这使斯特雷扎阵线和国际联盟行政院做出的决议都变得毫无意义。《德波协定》使纳粹将注意力先后集中到奥地利和捷克斯洛伐克身上，这两个不幸的国家因此惨遭践踏和毁灭。《德波协定》在一定时期内削弱了法国与波兰之间的关系，并阻止东欧各国巩固彼此之间休戚相关的团结以形成利益共同体。德国在利用完这份协议后就将其单方面抛在一边。此刻，波兰暗中得知德国可能入侵波兰。

*　　*　　*

英国给予波兰和罗马尼亚的保证究竟涉及哪些实质性问题，英国政府现在必须要抓紧考虑了。如果两项保证都不能放在罗马尼亚总协定的框架内讨论，那这两项保证就不具有任何军事价值。因此，英国

驻苏大使和李维诺夫终于在莫斯科于 4 月 15 日举行了会谈，谈话一开始就围绕这个目的进行。鉴于我们一直以来对苏联政府的态度，所以并不抱太大期望。然而，4 月 16 日，苏联主动提出英、法、苏三国建立统一战线互相扶持，不过文件并未公开发表。这三个大国，如果团结起来，再加上波兰，就能向中欧及东欧受德国威胁的国家提供进一步保护。此项协议的最大阻碍是：这些边境相邻的国家都十分仇视苏联体制，他们担心如果接受苏军的帮助，苏联军队将在帮助他们抵御德国侵略之后顺便将他们归入苏联体制下。波兰、罗马尼亚、芬兰以及三个波罗的海国家甚至不知道自己到底是更愿接受德国的入侵还是苏联的营救。正是因为这个可怕的抉择，英法两国的政策陷入了瘫痪。

但是毫无疑问，英法早就应当接受苏联的提议，宣布三国结盟，即便事后看来也应如此。至于采用哪种结盟方式才能卓有成效地抵抗共同的敌人，这个问题应该留给各盟国在对德作战中进行调整，因为各国都进入了备战状态，心态会与平常大不相同。战时，各盟国总会听取彼此的意见和愿望；战斗一旦打响，那些在和平时期不能接受的权宜之计也会备受青睐。不过，即使在一个大同盟之中，如果一方未经另一方邀请，想要穿越对方国境也并非易事。

张伯伦和外交部被这个难题弄得茫然失措。在这个紧要关头，时局瞬息万变，明智之举应是见机行事，不同阶段采取不同方法。倘若 1939 年英、法、苏三国能组成联盟，势必会引起德国的极度恐慌，不过即便如此，也不能断言就能避免战争，但可以肯定的是同盟国可以利用三国联盟的战略优势推行下一步计划，在外交上重获主动权。希特勒曾经强烈反对东西两线同时开战，因为这样德国既无法承受两线作战，也无法在中途停战。不过遗憾的是，我们当时没能将他逼到这个进退两难的境地，否则希特勒本可能因此而断送生命。政治家们不应只处理简单问题，因为这些问题往往能够自行解决。只有当均势发生动摇、力量的对比像在大雾中难以分辨的时候，才会出现为挽救世界做出决定的机会，这才是政治家应该挺身而出的时候。我们既然已使自己置身于 1939 年的可怕困境，那我们就要抓住这个机会，寻求拯

救世界的希望，这对政治家来说才是至关重要的。

即使现在，我们也无法确定斯大林究竟何时明确放弃了与西方民主国家的合作意向并向希特勒妥协。事实上，这个时刻也可能从未出现。根据从德国外交部截获的大批文件，美国国务院出版了《1939—1941年苏德关系》一书，披露了许多迄今不为人知的事实。显然，早在1939年2月，苏德两国已经有所接触，不过十有八九是与商贸问题相关。因为自慕尼黑事件之后，捷克斯洛伐克将部分地区割让给德国，其商业和贸易活动深受影响，所以苏德两国确实有必要就这些问题进行商讨。等到3月中旬，德国占领了捷克斯洛伐克的全部领土，问题再次升级。苏联曾与捷克斯洛伐克政府签署协议，从斯柯达兵工厂订购军火。如今斯柯达兵工厂已归德国所有，那这些合约又将何去何从？

根据德国外交部国务秘书魏茨泽克的记载，苏联大使曾在4月17日拜访过他，同时也是这位大使一年前递交国书后的首次造访。苏联大使问及与斯柯达兵工厂的订购协议，魏茨泽克指出："据说英法苏三国将要签订空军合作等协议，那么此时此刻德国并不适合向苏联运送军用物资。"随后，大使立刻将话题由贸易转向政治，询问国务秘书如何看待苏德关系。魏茨泽克回答道，在他看来，近期苏联媒体并没有像美国报纸以及部分英国报纸那样，完全加入反德的声讨大军。然后，他又提到，意识形态的差异几乎没有对苏意关系造成影响，同样也不应成为苏德关系的绊脚石。苏联从未利用当前德国与西方民主国家的摩擦来对抗德国，并且也不打算这么做。因为苏联没有理由不与德国正常交往，而且在此基础之上，两国关系将会越来越好。

这次谈话必须受到足够的重视，特别要考虑到两点：英国大使此时正在莫斯科和李维诺夫进行会谈；4月16日苏联正式提议与英法建立三国同盟。苏联第一次明显表现出准备采取脚踏两只船的外交策略。一方面致力于苏德关系"正常化"，另一方面商讨三国结盟抵抗德国侵略。

假如张伯伦收到苏联的提议回复说："好，让我们三国齐心协力，一起拧断希特勒的脖子！"或者诸如此类的话，议会定会支持张伯伦，斯大林也会领会英国的意图，那么历史有可能将沿着一条不同的道路发展下去，至少不会在一条更糟糕的路上走下去。

5月4日，我对当时局势做了如下评论：

首先，不能坐失良机。自从苏联提出建议以来，已过了十天或十二天了。英国人民牺牲自己根深蒂固、长期养成的光荣传统，接受了义务兵役制，因此他们有权与法兰西共和国一起要求波兰不要再阻碍我们共同的事业。我们不仅必须要与苏联全面合作，还必须欢迎三个波罗的海国家参加合作同盟。这三个民族英勇善战，共拥有约二十个师的精锐部队。苏联将为我们提供军火以及其他帮助，这个善意的援助是至关重要的。

没有苏联的积极援助，就无法维持反纳粹侵略的东部战线；从另一方面看，阻止希特勒东欧计划的实施又与苏联的利益休戚相关。我认为现在仍有可能把波罗的海到黑海之间各个国家和民族联合成一条坚固的防线，来对抗新的暴行或侵略。这条防线，如果以坚定的信念为其核心，加上果断有效的军事部署，结合西方国家的力量，完全可以对付希特勒、戈林、希姆莱、里宾特洛甫、戈培尔以及那些连德国人都不敢挑战的力量集团。

*　　*　　*

然而事实却恰恰相反，正当苏联方面准备对我们采取权宜措施和做明智的妥协时，我们却长时间保持了沉默，这对李维诺夫是一个致命的打击。他做了最后的努力，希望同西方国家一起达成明确的协议，但最终以失败告终。由于当时我们的声望已经很低，苏联为了自身安全，需要一种完全不同的外交政策，必须找一个新的政策代理人。5月3日，莫斯科官方公报宣布：李维诺夫已经主动辞去外事委员会的

职务，由莫洛托夫总理接任。5月4日，驻莫斯科德国代办向德国汇报："直到5月2日，李维诺夫仍在接见英国大使，昨日报纸上，他的名字还出现在阅兵式贵宾名单中，这样看来，李维诺夫的离职是斯大林临时做出的决定。在最近一次的党代表大会上，斯大林紧急提醒要防止苏联卷入冲突。莫洛托夫被视为'斯大林最亲密的朋友和伙伴'，因此他的上任显然表明，苏联的外交政策将继续严格按照斯大林的意愿推行。"

苏维埃的驻外代表奉命通知其所在国政府，说明这次人事变动并不意味着苏联要改变对外政策。5月4日，莫斯科广播说莫洛托夫将继续推行多年以来李维诺夫努力寻求的西方安全政策。李维诺夫，这位被德国视为眼中钉的卓越的犹太人，此时像一件破旧的工具被丢到了一边，不允许为自己申辩一个字，被毫不留情地撵出了历史舞台。从此，李维诺夫过着默默无闻的生活，只能靠微薄的薪水度日，还要受到警方的监视。莫洛托夫，这个苏联之外鲜有人知的人，这时成了外交人民委员，与斯大林保持着最密切的联系。他不用承受之前所做的各种声明而带来的负担，也不受国际联盟的约束，可以放手去干任何事以求苏联自保。但事实上，他似乎只有一条路可以走，那就是他一向赞成的同希特勒达成妥协。因为从慕尼黑和其他许多事件中，苏维埃政府深信，无论英国或是法国，除非自身受到攻击，不然决不想打仗，而当苏联到了真的需要打仗的时候，英法两国对他们也就没有多大用处了。风暴即将到来，苏联必须要为自己的安全着想了。

李维诺夫的免职，标志着一个时代的结束。这表示苏联已经完全放弃了与西方国家缔结安全条约，也对建立一条抵抗德国的东欧战线的可能性失去了信心。当时德国报纸的评论，虽不一定准确，但是很有意思。5月4日，德国各大报刊登载了一篇华沙快讯，声称李维诺夫在辞职之前，曾与伏罗希洛夫元帅进行过一场激烈的争吵。毫无疑问，伏罗希洛夫已经得到明确指令，宣称红军不准备为波兰而战，并以苏联总参谋部的名义谴责为波兰而战是一个"过于庞大的军事责任"。5月7日，掌握了足够情报的《法兰克福报》声称，李维诺夫的辞职将严重影响英法"包围"政策的前景，李维诺夫的免职可能意味着，"包围"政策给苏联带来了军事负担，因此相关人员命令李维诺夫辞职。虽然这些都是事实，但在一定时期之内，对于这种重大转变，苏联必须要加以掩饰，甚至直到最近，苏联当时的态度依然是个谜。不过，苏联一定会双管齐下，两条腿走路，不然如何能与可恶而且可怕的希特勒讨价还价呢？

*　　*　　*

随着犹太人李维诺夫的下台，希特勒的极端种族偏见也有所缓和。德国通过各大报纸向苏联保证，他们不会将生存空间扩展到苏联领土上；事实上，德国的领土扩张到了苏联边境便止步了。因此，只要苏联不参与英法的"包围"政策，苏德之间就没有理由发生冲突。此外，德国驻莫斯科大使舒伦堡曾奉命返回柏林进行了详细商讨，并最终携带了一份对苏联有利的长期货物抵押贷款提议回到莫斯科。从双方动向来看，苏德两国均有意签订盟约。

此次苏联政策的惊天逆转实在大反常态，这种转变也只有极权国家才能做到。仅在两年之前，许多苏军将领包括图哈切夫斯基以及数千名战绩辉煌的军官就曾因为其亲德倾向而招致杀身之祸。可是现在，克里姆林宫里那些忧心忡忡的主人们却又转而接受这种亲德倾向了。当时，亲德主义一直被视为异端邪说，属于阴谋叛国，而如今，它却在一夜之间变成了国策。凡是胆敢提出异议者，自然是活该倒霉，而那些转变不够快的人，也常常遭受厄运。

所以，对于目前着手进行的这项任务，当然无人能比新的外交委员更加适合。

*　　*　　*

维亚切斯拉夫·莫洛托夫——这位如今被斯大林安置在苏联外交

政坛上的人物，的确值得花些笔墨略加叙述。当时的英法政府可以说是对他一无所知。莫洛托夫才能出众，但冷酷无情。在那些意气风发的革命岁月里，他经历了许多可怕的危险与考验，但他却安然无恙地挺过来了。莫洛托夫生活的年代社会阴谋不断，每个人都随时有被清洗的危险，而他却在这种环境之中成功发迹。脑袋圆如炮弹的他，长着一张四方脸，蓄着黑色的胡子，目光深邃，言辞机敏，举止沉着，这一切都恰好彰显了他的品质与能力。在这个时局变幻莫测的国家，莫洛托夫比任何人都适合充当政策的代理人。我曾与他有过数面之缘，有时是在透着一丝诙谐的谈判中，有时是在他亲切提议举杯的宴会上，不过他的祝词总是冗长老套，内容毫无深意。用现代理念中的"机器人"来形容他再合适不过了。尽管如此，莫洛托夫依然不失为一位通情达理、处事圆滑的外交家。至于他对待地位不如他的人又是如何，那我就不得而知了。斯大林曾在德黑兰会议上承诺过，一旦打败德国，就立刻进攻日本，从此之后，莫洛托夫对日本大使的态度如何，可以从他的谈话记录中看得出来。在接踵而至的会谈中，苏日代表之间的气氛微妙尴尬，彼此之间相互试探，但莫洛托夫仍然镇定自若、目光坚定、波澜不惊且举止得体。此外，他讲话滴水不漏，从不引起无谓的争执。他带有一种西伯利亚寒气的微笑，极有分寸又十分高明的话语，外加谦恭有礼的风度，使莫洛托夫成为能在这个险恶世界推行苏联政策的完美代理人。

所以，与莫洛托夫通信讨论有争议的问题时，往往会白费口舌，如果逼迫太紧，他就会以谎言或者侮辱之词收场。在我的记忆中只有一次，莫洛托夫的反应显得很自然。那是在 1942 年的春天，他从美国返回苏联，途中飞机在英国降落。当时我们已经签订了英苏条约，他正准备要冒着危险飞回苏联。在唐宁街我们用来召开秘密会议的花园门口，我紧握住他的胳膊，我们相互凝视着对方。突然间，他看起来深受感动，他也同样用力握住我的手臂作为回应。我们默默地紧握对方的手。当时我们是在一条战线上的，生死与共。纵观他的一生，浩劫与毁灭常伴，或是他自己受到威胁，或是将别人推入其中。毫无疑问，对于苏联而言，莫洛托夫的确精明能干，在各个方面都颇具代表性。我非常庆幸，终我一生，都没有像他那样承受如此巨大的压力，否则，倒不如不要生而为人。如果人死之后真的有另一个世界，马萨林、塔列朗和梅特涅这些早已过世的杰出外交家们肯定会欢迎莫洛托夫加入他们的行列，共同处理外交事务。

*　　*　　*

自从莫洛托夫当上外交人民委员的那一刻起，他就开始推行以牺牲波兰利益而与德国达成协议的政策。不久之后，法国察觉了此事。5月7日，法国在《黄皮书》上刊登了一则由法国驻柏林大使发回的紧急电文，其中表示，根据机密情报，他确信第四次瓜分波兰将会成为苏德两国恢复友好邦交的基础。1946年4月，达拉第先生写道："5月份以来，苏联已经进行了两次谈判，一次是同法国，另一次是同德国。比起保护波兰，苏联似乎更愿意瓜分波兰，而这就是引发第二次世界大战的直接原因。"当然也还有其他原因。

*　　*　　*

对于4月16日的苏联照会，英国政府最终于5月8日做出了答复。英国的复文内容没有公布，但是苏联塔斯社于5月9日发出了一则消息，列出了英国建议的要点。5月10日，官方机关报《消息报》刊登了一份公报，大意是说，据路透社报道，英国提出了反提案，即"苏联必须分别向每个邻国做出安全保证，如果苏联因此卷入战争，英国必须保证援助苏联"，但这个报道与事实并不相符。公报表示，苏联政府已于5月8日收到了英国的反提案，反提案中并没有提到苏联有义务分别向每个邻国提供安全保证，相反，英国提案要求，如果英法两国因履行对波兰和罗马尼亚的安全保证而卷入战争的话，苏联必须立即对英法两国提供援助。然而，反提案并未涉及如果苏联由于履行

对东欧任何国家的义务而卷入战争，英法将为苏联提供哪些援助。

当天晚些时候，张伯伦先生表示：英国政府已经在东欧承担了新的义务，不过由于各种困难，英国没能邀请苏联政府直接参与。英国政府曾建议苏联政府应当做出类似的声明，表明如下观点：如果那些可能成为侵略对象但随时准备维护自身独立的国家需要苏联政府提供保护，那么苏联政府愿意提供保护。

苏联政府几乎就在同时提出了一个更为全面和更为严格的计划。在英国政府看来，尽管这个计划会带来一些其他方面的优势，但某些英国曾在提议中试图避免的困难，却势必会因此而加剧。于是，他们向苏联政府指出了困难所在。与此同时，英国政府也对原来的提议做了某些修改，并明确表示：如果苏联政府能根据英法两国的干预行动，来确定自己的干预行动，英国政府将不会反对。

遗憾的是，英国没能在两个星期前明确宣布。

在此值得一提的是，5月12日，土耳其议会正式通过了《英土协定》。我们希望一旦危机爆发，能够通过履行这些额外义务，加强我们在地中海的地位。这是我们针对意大利侵占阿尔巴尼亚所做出的应对措施。正如英德之间的谈判已告结束，事实上，如今我们与意大利之间的关系也同样陷入了僵局。

我们与苏联人的谈判毫无进展，于是5月19日，英国下议院将整个问题提出并就此进行了简短而严肃的辩论，发言人仅限于各党领袖，以及曾经担任过内阁大臣的重要人物。我和劳合·乔治先生以及艾登先生都极力敦促政府立即根据平等的条件与苏联订立最为广泛的合作协议。劳合·乔治先生首先发言，他以惨淡的色调描绘了一幅阴郁而又危险的画面：

如今的局势让我不禁想起1918年的早春，当时的世界局

势与现在极为相似。我们知道德国将会发动大规模进攻，但是无人知晓他将首先攻击哪里。我记得，当时法国认为法国前线应是德国首先要攻击的地方，而我们的将领们则认为德国将首先攻击英国。至于法国前线的哪个地区将会受到袭击，法国的将领们没能达成一致意见，而我们的将领对德国有可能攻击的地点同样也产生了分歧。我们只知道，某个地方将会遭受猛烈攻击，整个气氛虽称不上恐惧，但也充斥着不安。我们可以看到德国战线的后方非常活跃，我们知道他们正在做着准备。在我看来，这与现在的局势多多少少有些相似……我们都非常焦虑；整个世界也都知道侵略者正在准备再一次发动进攻。但是没有人确切知道他们的进攻目标。我们可以看到，他们正在以前所未有的速度扩充军备，尤其是攻击型武器，如：坦克、轰炸机以及潜艇。我们知道，敌人正在占领和构筑新的阵地，从而能够在与英法的战斗中为他们提供战略优势……现在他们正在对从利比亚到北海一线的形势进行调查和研究，希望能发现对战争有利的情报。敌军在战线后方进行的秘密活动，实在是一种极端不祥之兆。

敌人在 1918 年也采取了同样的秘密行动，为的是让我们猜不到他们的真实目的的。他们不是为防御做准备，他们不是为了抵抗来自法国、英国或苏联的进攻而做准备，因为他们从未受到过这种威胁。无论是在公开场合还是在私下里，我们从未表示或者暗示过英国要攻击意大利或者德国的任何地区，对此，他们知道得一清二楚。所以，德国所有这些准备活动并非为了防御，而是为了执行某个既定的进攻计划，攻击某个与我们利益相关的国家。

*　　*　　*

接着，劳合·乔治先生又说了一段非常精辟的话：

两个独裁者的主要军事目的和计划就是：力求速战速决，避免持久战。持久战从来不适合独裁者。就像长达六年的伊比利亚半岛战争拖垮了当年的法国，防御有力的俄国虽然未曾打过大胜仗，却依然击退了拿破仑。一直以来，德国理想的战争模式都是速战速决。1866 年，德国攻击奥地利，战争持续了不过数周；1870 年的普法战争也是如此，实际上只持续了一两个月就结束了。如今看来，1914 年的作战计划也是速战速决，当时几乎成功了，要不是俄国他们早就成功了。但是，只要他们没能迅速取胜，便大势已去。你们可以相信我的话，德国伟大的军事思想家们也一直在研究这个问题：1914 年的德国究竟错在哪里？缺少的又是什么？在下一次战争中，该如何弥补或者纠正，才能避免出现同样的缺陷和错误呢？

　　紧接着，劳合·乔治先生从事实推进到想象，认为德国已经有了"两万辆坦克"以及"几千架轰炸机"。但这些话其实是言过其实的，引发了莫名的恐慌。这些年来，我们为数不多的一小群人整天在奔走呼吁，反复强调着重整军备的重要性，而劳合·乔治为什么不加入我们的行列？他的演讲令议会很失望。两年前，或者不如说三年前，这类声明以及他的演讲中那些悲观主义思想都会遭到蔑视和嘲笑，但那时我们还有时间；而如今，不管这些数字是否确切，说这些话都已经为时过晚。

　　首相在回答中第一次向我们透露了他对苏联建议的看法。他对苏联的建议态度十分冷淡，甚至可以说是鄙视，他说：

　　如果能够想出办法与苏联合作，联合建立和平阵线，我们是欢迎的。我们需要这个办法，也会重视这个办法。有人暗示说我们轻视苏联的协助，这纯属无稽之谈。虽然对于苏联军队的真正实力以及苏军在战时发挥作用的方式，大家只

是道听途说，还没有收到任何可以证实的见解。但我想，在现在这种情况下，谁也没有愚蠢到这个地步，忽略这样一个幅员辽阔、人口众多、资源丰富的大国。

张伯伦先生的这番话似乎有失分寸，一年前在他拒绝罗斯福总统的建议时，我们也听过同样有失分寸的话。

于是我接着这个问题说道：

我始终无法理解，既然首相表示他有意与苏联达成协议，也愿意按照苏联政府的提议，进行内容广泛、形式简单的合作，那么究竟是什么阻碍了签署协议的进程？

毫无疑问，苏联政府的提议确实是在考虑建立英法苏三国联盟，以抵抗敌人入侵，而且如果其他国家想要从中受益，该联盟也可以将利益范围扩展到这些国家。联盟的唯一目的就是抵抗德国军队的进一步入侵，同时保护已被入侵的国家。我看不出苏联的建议有何不妥。这个简单的建议究竟哪里不对？有人会说："你能相信苏联政府吗？"我想在莫斯科也会有人这么问："我们能相信张伯伦吗？"我希望双方对这两个问题的回答都是肯定的：能相信！我真诚地希望如此。

《英土协定》被大家普遍接受，也在整个黑海和东地中海地区发挥了巨大的团结和安定作用。同我们签订这个协议的土耳其，与苏联以及罗马尼亚也保持着密切和睦的关系。如今，这些国家正在共同维护他们的切身利益。

英国和南欧各国的利益极为一致，难道我们与北欧各国之间就没有类似的利益吗？以波罗的海诸国为例，彼得大帝就曾为了立陶宛、拉脱维亚以及爱沙尼亚而战。现在，苏联所关心的是北欧各国不能落入纳粹德国之手，这关乎苏联的主要利益，对于北欧而言也至关重要。事实上，德国进攻乌克兰就意味着俄国领土遭到入侵，对此我不必再进一步细说。

你们可以看到，苏联的主要利益的确与整个东欧战线密切相关，由此你们应该可以断定，苏联会把自己的利益与其他同样受到影响的国家联系在一起。

与苏联结盟将是一场极其重要的考验，也是一个非常重大的事件，而且我们也已经对波兰做了安全保证，所以，如果准备与苏联结成战时同盟，如果愿意与苏联携手保卫波兰和罗马尼亚，我们就可能因此而阻止战争的爆发。然而如今在与苏联成为同盟之际，你们却又为何退缩不前呢？我无法理解这种外交上的谨言慎行和耽搁拖延究竟有何意义。如果不幸发生了最恶劣的情况，我们将与波兰和罗马尼亚一样深陷其中，必须同他们同生共死、共同奋斗；如果很幸运没有出现困难，那么在初期阶段我们就可以获得安全。

听闻英王政府已经对波兰做出保证，对此我感到非常震惊。我完全支持这一举措，但我仍然感到震惊，因为之前没有任何预兆让人料到我国政府会采取这一行动。我想提醒议会注意，劳合·乔治先生在十天之前以及今天反复提出的问题还没有得到答复。这个问题是：在对波兰做出保证前，政府是否就相关问题咨询过总参谋部，比如说这种保证是否安全妥当、切实可行；是否有执行保证的具体实施方案。现在全国都知道问题已经提出，并且至今仍未得到答复，这实在令人惶恐不安。

显然，如果苏联没能得到平等待遇，其实不单只是平等待遇的问题，或者说如果苏联无法相信通过建立同盟以及和平阵线才能走向成功，苏联是不会与我们签订协议的。谁都不愿意与优柔寡断的领袖和政策变化无常的国家合作。政府也必须明白：所有这些东欧国家，如果没有友好的苏联以及西方各国的鼎力支持，单靠自己的力量，连一年的战争都无法坚持。我基本同意劳合·乔治先生的意见，即只有取得苏联的有效支持，东欧国家才能建立一条强有力的东部战线，

即东部和平战线；如果战争爆发，也可能变成一条作战防线。

即使我们没有承诺给予比利时、荷兰、丹麦、瑞士这些国家安全保证，大家也认为我们有义务援助他们，但如果没有东部战线的支撑，我们如何援助他们？西方世界又将会发生什么？让我们回顾一下 1917 年的经历。那一年，俄国溃败，军队士气低落，革命和叛乱使那支纪律严明的伟大军队丧失了斗志，前线的惨状令人难以形容。然而，尽管如此，即使在最不利的条件下，直到战争结束，俄国战线依然牵制着一百五十多万德军。而一旦俄国的战事结束，一百万德军和五千门大炮便会调至西线，几乎在最后的关键时刻扭转了战争形势，让我们被迫接受一个灾难性的和平。

东线的问题，的确是一件非同小可的事情。但令我吃惊的是，竟然没有更多的人关注这件事。当然，我并不是说要请苏联帮忙，目前已经没有时间请任何国家帮忙。但是，现在有个现成的提案，一个公平的提案。在我看来，这个提案所提出的条件比英国政府想要寻求的更好；这是一个更加简单、直接、有效的提案，所以我们不能将它搁置一旁，不了了之。在此，我请求英王政府认真考虑一下这些残酷的事实：如果没有强大的东部战线，我们将无法保障英国在西欧的利益；而如果没有苏联，我们就无法建立强大的东部战线。长期以来，英王政府不但忽略了自身的防御，而且对捷克斯洛伐克及其军事力量也弃之不顾，非但如此，政府对自身军备能力不加考虑，就直接承诺要保护波兰及罗马尼亚。所以，如今对英国而言，苏联的援助不可或缺；如果政府拒绝并且放弃，英国将会以最糟糕的方式被卷入这场最恶劣的战争中，那么英国政府将辜负全体同胞的信任，而且我还要加上一句，也将辜负全国人民对他们的宽容。

毫无疑问，现在这一切都为时已晚。艾德礼、辛克莱和艾登的谈

话，概括性地总结了当前正在逼近的危险以及与苏联结盟的必要性。仅在几个星期之前，工党和自由党的领袖们还在引导他们的党员投票反对义务兵役制，他们的地位也因此大受削弱。他们表示，反对的原因是因为对外交政策不满，但这不具备说服力。因为，如果外交政策背后没有强大的国家实力支撑，如果整个国家没有为达到这种实力而做好必要的牺牲准备，那么外交政策就没有效果。

＊　　　＊　　　＊

　　西方各国纷纷努力结成同盟，以期共同抵御德国，在此期间，德国也在开展同样的行动。5 月初，德国外交部部长里宾特洛甫与意大利外交大臣齐亚诺在意大利科莫市举行会谈，正式公开了所谓的"钢铁盟约"，之后由两国外交大臣于 5 月 22 日在柏林签订。由于英国向东欧各国做出了许多不够成熟的保证，德意两国还特意结成联盟以示挑衅。盟约签订之时，齐亚诺与希特勒进行了一段谈话，齐亚诺在日记里记录了与希特勒的谈话：

　　　　希特勒对这个盟约表示非常满意，并且确认将地中海政策交由意大利主导推行。同时，他对阿尔巴尼亚也很感兴趣。我们计划将阿尔巴尼亚发展为军事据点，进而控制整个巴尔干半岛，希特勒对此计划也颇为热衷。

　　"钢铁盟约"签订后的第二天，即 5 月 23 日，希特勒与参谋长们召开会议，会上他十分明显地表露出洋洋自得的情绪。以下是会议内容的秘密纪要：

　　　　现在，我们充满爱国激情，另外两个国家意大利和日本也是如此。我们充分地利用了过去这段时间，根据自身目标，有条不紊地采取了各种措施。一直以来，波兰不顾波德两国

的友好条约，包藏祸心，伺机对我们做出不利举动。所以，波兰人不是我们"附加的敌人"，而一直是我们的对手。但泽根本不是争论的重点，波兰问题关系到我们在东欧生存空间的扩张和粮食的供应。所以，绝对不能放过波兰，我们的决定是：只要有合适的机会，就立刻进攻波兰。我们不希望捷克事件重演。仗是一定要打的。而我们的任务就是孤立波兰。成功地孤立波兰将具有决定性意义。

如果我们无法断定波德冲突是否将引发西线战争，那么德国首先需要对付的就是英国和法国。法国、英国、苏联成立反对德国、意大利和日本的联盟，那么我就必须给英法两国几次毁灭性的打击。有关同英国和平解决这个问题的可能性，我持怀疑态度。因此，我们必须做好准备，以防爆发冲突。英国把我们的发展看作是霸权主义的基础，并认为这种基础将削弱英国的地位。因此，英国的确就是我们的敌人，而且英德之间的战斗将是一场生死较量。所以我们的军队必须占领荷兰与比利时的空军基地，不必理会他们的中立声明。

如果英国试图干涉波兰战争，我们就必须以迅雷不及掩耳之势占领荷兰，从而建立从荷兰到须德海的新防线。那些认为我们能够轻松获胜的想法非常危险，也绝无可能。所以，我们必须破釜沉舟，如今已经不再是正义与非正义的问题，而是有关八千万人民生死存亡的问题。虽然每个国家的军队和政府都必须以速战速决为目标，但我们的政府也须做好准备，应对可能长达十年或者十五年的战争。

英国知道，战争失败就意味着世界霸权的结束，而这也是驱使英国对抗德国的主要动力。

英国人是骄傲的、勇敢的、顽强的，有坚韧不拔的意志和出众的组织天赋。他们善于运筹帷幄，同时也热爱冒险，具有北欧民族的英勇气概。但是德国人的整体水平比他们更是高出一筹。在第一次世界大战中，如果我们的战列舰和巡

洋舰能多建造两艘，如果日德兰海战是从早上开始，那么我们就能击败英国舰队，而英国也只能屈膝投降。除了准备好突袭外，我们也必须为长期战斗做好准备，消除英国在欧洲大陆可能取胜的一切机会。陆军必须坚守我们的海军和空军所必需的重要阵地。如果能够成功地占领荷兰和比利时，如果我们能够击败法国，那么就具备了打败英国的基本条件。

5月30日，德国外交部向驻莫斯科大使下达指令："与过去制定的政策相反，目前我们已经决定同苏联进行明确的谈判。"轴心国集结军队进行军事部署的时候，西方国家与苏联之间的重要纽带却已经断裂。5月31日，苏联外交人民委员莫洛托夫发表演说，对5月19日张伯伦先生在下议院的演说做出答复，从中我们可以看出双方的根本分歧。

（莫洛托夫说）早在4月中旬，苏联政府就与英法两国政府进行了谈判，讨论采取哪些必要措施。迄今为止，这一谈判仍未结束。事态早就很明朗，如果各国的确有意共建有效的和平国家阵线来抵抗外来入侵，必须要满足以下这些最基本的条件：

英法苏三国应签订有效的互助公约，该公约仅以防御敌人侵略为目标。

英法苏三国应向中东欧各国，包括所有与苏联接壤的欧洲国家做出安全保证，协助他们抵抗侵略。

英法苏三国应就以下问题达成明确协议：遭受侵略者袭击时，英法苏三国要直接而有效地互相支援；对负有安全义务的国家，在他们遭受侵略者攻击时，英法苏也应提供同样直接有效的援助。同时协议还要明确规定支援的力度和范围。

谈判似乎已经陷入僵局，难以打破。虽然波兰与罗马尼亚政府接

受了英国的安全保证，却不打算接受苏联政府同样方式的保证。另外一个具有重要战略价值的地区——波罗的海沿岸三国，也持有类似的态度。苏联政府明确表示：苏联所拥护的互助公约，必须要把芬兰以及波罗的海诸国包括在全面安全保证之内。如今，四个国家均已拒绝苏联的提议，而且他们可能会因为害怕，将在很长时间内都会拒绝这个提议。芬兰和爱沙尼亚甚至宣称：凡是未经他们同意就向他们做出安全保证的行为，将会被看作侵略行为。6月7日当天，爱沙尼亚以及拉脱维亚与德国签订了互不侵犯条约。所以，就在对手拖拖拉拉、犹豫不决地进行谈判时，希特勒轻而易举地成功突破了对方的最后防线。

THREE

大战一触即发

但泽正受到来自德国的威胁——法国打算采取防守战略——关于原子弹技术的研究情况——为了同苏联达成协议所做的新努力——波兰的阻挠——莫斯科军事谈判——《苏德互不侵犯条约》——英国的预防措施——希特勒推迟进攻日期——大战爆发前的最后那几天

整个夏天全欧洲都在忙着备战,日子一天天过去,越来越多的人都不再重视什么外交家的态度、政治家的演讲以及人类的意愿了,这些东西早已被抛诸脑后。德国似乎想通过武力解决它和波兰在但泽问题上的纠纷,这一点从他们的军事调动便可以看出端倪。看来德国计划以此作为侵略波兰的第一步。6月10日,张伯伦先生在议会发表讲话,言语中表达了他对当前形势的担忧,同时他还再三表示若有人胆敢侵略波兰,英国一定不会袖手旁观。而比利时政府却对当前形势表现出了一副事不关己的态度,这多半是因为受到了比利时国王的影响,他们于6月23日宣称反对同英法举行参谋会议,已经决定严格保持中立。随着事态的发展,无论是英法两国军队之间的关系还是两国内部的关系都愈发紧密,变得团结起来。整个7月,巴黎和伦敦之间来往频频。7月14日是法国的国庆节,这是一个展示英法之间精诚团结的大好机会。因此我应法国政府邀请参加了这次国庆盛典。

国庆游行结束后,当我正要离开布尔歇时,甘末林将军建议我应该去参观法国前线。他说:"你肯定从来没参观过我们的莱茵河扇形战区。8月份我们会再请你来参观,到时让你把所有东西都看个够。"于是我们便拟订了一个参观计划。法国的乔治将军和我国的斯皮尔斯将军是好朋友,乔治将军是法国东北战线的陆军总司令,很有可能继承最高统帅职位。8月15日斯皮尔斯将军和我在法国受到了他的热情款待。乔治将军的确非常能干，待人和蔼可亲，我很高兴同他会面。我们在一起待了大约十天，就军事问题交换了意见。在此期间我也随时同甘末林保持联系，当时他也正好在这个前线考察。

我们参观了整个防区，从莱茵河在劳特堡附近的拐弯处出发一直走到了瑞士边境。此时，那些无忧无虑的英国人还在悠闲地享受假日，大人带着孩子在沙滩嬉戏，和1914年的情形差不多。而莱茵河一带则是另一番景象，所有的临时性桥梁都被拆除，堆放到河的这边或者那边，而永久性桥梁则派重兵把守，并且埋设了地雷。桥上有忠诚的军官日夜值守，一旦接到命令他们就会立即按动按钮炸毁桥梁。由于阿尔卑斯山积雪融化，河流水势猛涨，湍急汹涌一直向前流去。河岸旁树丛中的战壕里埋伏着法国的前哨中队。从他们口中我们得知，我们可以三三两两地走到河边，但是绝不能成群结队，因为这样会暴露目标。河对岸大约三百码开外的地方，可以看到德国人在树丛中间悠闲地拿着镐头和铁锹修筑防御工事。在斯特拉斯堡河边住宅区里的所有居民早就全部撤退了。我在桥上站了一会，看到只有一两辆车开过去。在桥的两端，双方都在仔细检查往行人的护照，盘问他们的身份。这里的德国哨所和法国哨所仅相隔一百码左右，彼此之间互不往来。此时的欧洲一切还算太平，德法之间也没有发生任何纠纷。莱茵河波涛滚滚，不断奔流，时速可达六七英里。时而有一两只载着孩子的游船在湍急的河面疾驰而过。此后，一直过了五年多，我才再次看到莱茵河。那是1945年3月，我和蒙哥马利元帅乘坐小船横渡莱茵河，不过那是远在北部靠近德国韦塞尔的地方。

我回国后便把在这期间收集到的情报转交给了陆军大臣，还给了跟我有来往的其他一些大臣。我这样写道：

> 法国防线固若金汤，奇袭法国的前线根本行不通。要想突破法国的防线，德国势必要付出巨大代价，牺牲很多人，花费大量时间，而且在德国突破防线的这段时间里，战场局

势很可能会发生变化，谁也说不准届时结果如何。德国方面的防线也是一样坚固，只不过在强度上稍逊法国防线一筹。

不过法国防线两端的安危居然全都系于两个中立小国身上。比利时的态度自然是令人极不满意。目前，法比之间也没有任何军事联系。

在我非常了解的防线的一端，在那里法国正全力以赴准备打击取道瑞士的侵略者。德国若是从这个方向进攻，必然要沿着阿勒河前进，通过右翼掩护进攻主力进入贝尔福山峡。在战争初期，我个人认为德国既不会从正面强攻法国的防线，也不会打防线两翼小国的主意。

在进攻波兰以前，德国没必要进行军事动员。他们现有军队已足够供东线作战之用了。即使在开始猛攻波兰时再开始动员，德国仍有充分的时间来增援齐格菲防线。因此在大战开始前，估计德国不会调兵增援齐格菲防线，把增援防线作为战争爆发的警报是不明智的。另外，在这段剑拔弩张的时期，法国还是有必要采取其他一些措施的。

截至目前，大家都认为希特勒要等到阿尔卑斯山地区降雪后再行动，因为冬季大雪封山，法国无法越过阿尔卑斯山出兵意大利，墨索里尼便可利用冬季的大雪作掩护。估计在9月的前两周或者更早的时候，便会有降雪。要知道10月底或11月初，那里就进入了泥泞期，这对德国发动进攻非常不利。但是在泥泞期到来之前，德国应该有足够的时间给波兰重重一击。所以，9月的上半月至关重要，德国随时都会发动进攻。德国目前在纽伦堡准备搞些示威活动，具体说就是搞些宣传之类的活动，这似乎与上述推论不谋而合。

*　　*　　*

在我这趟法国访问中有一点值得注意，那就是在目前肩负重任的法国，军官们一致认为必须采取守势，并用不容置疑的口气向我讲述了这个想法。在跟这些能力超群的法国军官谈话过程中，言语间不禁让人产生这样一种感觉：他们认为德国现在比法国要强得多，就法国而言，之前那种想要大举进攻给德国致命一击的魄力早已荡然无存，现在只是为保全自己而战——仅此而已！如今对面的齐格菲防线在不断加固，而且还配有新式武器。一想起上次大战中的索姆河战役和帕斯尚尔战役，我依然心有余悸。德国目前的实力当然要比慕尼黑事件时强大多了。因此我们不知道为什么德国最高统帅部当时深感焦虑。相对于慕尼黑事件时的十三个师，德国在从北海到瑞士的漫长防线上驻扎了四十二个师，但这四十二个师并非个个训练有素，装备也不是很齐全，此情况的确属实。而我们在物质和心理方面都已落魄到如此地步，以至于没有一个人敢站出来根据当时掌握的情报采取行动，畏首畏尾（我当时还在野，实在是无能为力）。

*　　*　　*

在最后的几周里，我最担心的是一旦德国进攻波兰，英国或许会不顾自己之前的承诺，临阵退缩，不敢对德宣战。不过还好，那时张伯伦先生已经下定决心改变原有政策，这对他来说实属不易。其实当时我还不是很了解他，直到一年后对他才有了更进一步的了解。此时此刻，内阁的负担已经够重了，我很担心希特勒会再有什么新动作或者搞出什么秘密武器，内阁已经经不起希特勒的这种虚张声势了。以前，林德曼教授经常给我讲些原子能方面的事情。于是，我向他请教了一下原子能技术的发展现状。与他谈过之后，我便致信金斯利·伍德。前面我曾提到过我与伍德交情甚笃。信中我这样写道：

丘吉尔先生致空军大臣：
　　数周前的某个星期日，报纸上在突出位置刊载了一则新闻：近期发现，一种叫作铀的特殊原子，被中子击碎时会引

发核裂变链式反应，从而释放出巨大能量。一眼就能看出这似乎预示着一种威力无穷的新型炸弹即将问世。对此我们必须清楚地认识到，无论科学家对此多么重视，无论最终其具有多么强的实用性，至少这项发现暂时不会大规模应用于战争，近几年内不会带来什么危险。

据说根据此反应原理可以研制出新的秘密武器，这种武器威力巨大，可以扫平整个伦敦。种种迹象表明，当国际局势非常紧张时，这种谣言就会四起。第五纵队无疑也会试图利用这个威胁言论诱使我们再次屈服，为此我们必须澄清事实。

首先，权威学者认为，在铀里面，只有极少的成分能在这种反应中发生裂变。如果要想大规模利用这种裂变，必须先把这种成分提炼出来，而这需要花费数年的时间。其次，只有把大量的浓缩铀放在一起才能发生裂变链式反应。而一旦释放出能量，哪怕受到轻微的影响都会引起爆炸①。爆炸的威力或许与我们目前拥有的炸弹效果一样，但不大可能产生更大的杀伤力。再次，德国不可能只做些小规模试验。一旦他们成功实施了大规模试验（即他们的试验成果真的能对我们造成威慑，而并非单纯的虚张声势），那么想要保守秘密几乎是不可能的。最后，在从前属于捷克斯洛伐克现归柏林控制的领土上，铀储量非常少。

有人担心纳粹已经根据这项新发现研制出了新式秘密武器，可以将其对手碾为齑粉。基于上述四点理由，这种说法显然站不住脚。今后的一段时间内，各种骇人听闻的流言必定不绝如缕，我希望大家不要听信这些传闻。

1939 年 8 月 5 日

---

① 这个困难后来终于被克服了，但这是经过几年的研究用了极精密的方法才解决的。

真没想到我的预测是如此精准。德国人并没有找到研制原子弹的方法，确切地说他们走错了路，中途放弃了原子弹的研制，转而研发火箭和无人机去了。而与此同时我和罗斯福总统签订了值得纪念的协议，决定全力研制原子弹。关于这份项协议，我在后面恰当的时候还会谈到。

在提交给防空研究委员会的最后一份建议书中，我这样写道：

> 英国应对空袭的主要防御思路就是，若敌机来袭便一定让他们付出惨重代价。如果每次空袭我们都能击落其中五分之一的飞机，很快我们就能瓦解他们的空袭行动……我们可以想象一下，敌军一开始的攻势必定声势浩大，连续几个小时内敌机会一波接一波地越洋渡海而来。但是首次空袭的结果并不能左右未来的战局。空袭英国毕竟不是儿戏。面对重大的伤亡，敌军势必会慎重考虑他们的得失。随着空袭行动的深入，敌军也会很快发现日间空袭伤亡过大，因而会转为在夜间对建筑物集中的地区乱炸一通，这时我们就可以集中精力将他们一网打尽了。
>
> 1939 年 8 月 10 日

*　　*　　*

7月7日，墨索里尼对英国大使说："告诉张伯伦，如果英国决定为保卫波兰而战，那么意大利必然会站在自己的盟友德国一方对英国宣战。"然而在幕后墨索里尼的态度却截然相反。因为他这样说无非只是想巩固在地中海和北非的利益，保住他干涉西班牙内战的果实，消化他在阿尔巴尼亚攫取的战利品罢了。墨索里尼并不真心想帮助德国入侵波兰，因为这样势必会让他卷入一场欧洲大战。虽然经常公开吹嘘自己的实力，但是他心里其实比任何人都清楚，在军事和政治上意大利根本不堪一击。如果在 1942 年德国向他提供军火，他肯定非常乐

意参战，可眼下是在 1939 年，他自然绝不会铤而走险！

整个夏天，波兰承受的压力越来越大，墨索里尼这时候又想充当和事佬，就像在慕尼黑事件时那样。他提议召开一场世界和平大会，然而这个想法却被希特勒粗暴地拒绝了。8 月 11 日，齐亚诺在奥地利的萨尔茨堡同里宾特洛甫进行了会晤。

他在日记中这样写道：

> 　　我们的领袖非常希望我能用书面证据证明德国在这时候发动战争实在是不明智的……要想把这场战争局限于波兰一国是不可能的，这场战争势必会升级为一场全面战争，殃及所有人。我们的领袖从未像这样毫无保留地热切企盼过和平……会晤期间，里宾特洛甫一直闪烁其词，回避问题。每当我问及德国政策的一些细节时，他难免会有些良心不安。但是在德国对波兰的问题上，毕竟他已经说过太多次谎了，所以面对我的逼问或者问及他们接下来的真实企图时，他一直都很从容镇定……德国心意已决，无可动摇。就算他们的既得利益已经超出了之前的预期要求，这场仗照样还是要打下去，因为毁灭之神已经占据了他们的内心，使他们无法自拔……在我们谈话的过程中，气氛会时不时变得紧张起来。我自然是无所顾忌地直抒胸臆，而他却一直无动于衷。我愈发感觉在德国人眼里，我们是多么微不足道。

齐亚诺第二天去见了希特勒。现在我们手头上有份当时德国方面对这次会见的记录。根据这份记录记载，当时希特勒明确表示自己打算与波兰在但泽问题上做个了断，还表示为了达到这个目的即使与英法作战也在所不惜，另外他想把意大利也拉进来。他说："鉴于英国肯定要在国内保持必需的兵力，所以英国充其量只能给法国提供两个步兵师和一个装甲师。此外或许还可能提供几个轰炸机中队，但是英国绝不会派出战斗机参战，因为不久德国空军就要对英国展开空袭，英

国迫切需要战斗机来保卫本土安全。"谈及法国，希特勒说占领波兰自然不会花多少时间，在此之后，德军完全可以在"西墙"迅速集结几百个师的兵力。到那时，为了应对这场生死之战，法国就不得不调集所有可以调动的军队重兵把守马奇诺防线，这些军队包括他们驻守殖民地的部队、驻扎在意大利边境的部队以及一些其他地方的部队。齐亚诺听后，不免对这番话的严重性表示了惊诧。他抱怨德国此前并没有任何表示，意大利方面根本不知道德波争端已经如此严重，情况已如此紧迫；相反，里宾特洛甫却曾告诉他们说但泽问题不急于一时，可以留待将来慢慢解决。意大利的领袖虽然早就知晓和西方各国的冲突在所难免，但却没想到来得这样快，他本想着筹划这件事无论如何也得花上两三年吧。

会谈一结束，齐亚诺就心情沉重地返回了意大利。他向墨索里尼禀告了此事。他看得出，墨索里尼听后更加深信民主国家之间肯定会有一场大战，同时还看出墨索里尼也因此更加希望自己能够置身事外。

＊　　＊　　＊

英法两国政府还是希望能同苏联政府达成协议共同抵御德国，因此他们决定再做一次努力。英国决定派一位特使去莫斯科。艾登先生早些年曾和斯大林有过成功的接触，此次他主动请缨前往莫斯科，然而首相却没有接受这个慷慨的建议。6月12日，首相将这个至关重要的任务委派给了斯特朗先生。当然斯特朗先生也很精明能干，可他在外交部之外就没有什么名气了。显然英国是犯了一个大错误，因为派这样一个不入流的人势必会显得对苏联有些不够重视。他能否通过苏联机构的引荐见到斯大林都很成问题。不管怎样，一切都为时已晚。从1938年麦斯基前来恰特韦尔看我算起，到现在已经发生了太多事情。其间召开了慕尼黑会议；希特勒的军队又经过了一年的发展；德国夺取捷克斯洛伐克的斯柯达兵工厂后，整个军工生产实力大增，现在又在开足马力日夜赶工；苏联纵使对捷克斯洛伐克非常关切，但是捷克斯洛伐克最后还是被德国占领了，他们的前总统贝奈斯也流亡在外，德国还向其首都布拉格派驻了一位总督负责统治捷克斯洛伐克全境。

另一方面，波兰和苏联又存在着一系列截然不同的政治和战略问题，这些问题由来已久（英法要想和苏联达成一致共同抵御德国的确有些难度）。两国之间发生的最后一次大规模冲突是1920年的华沙之战①，当时加米涅夫将军率领苏联红军向波兰发起进攻，波兰的毕苏斯基将军得到了英法的支持，法国的魏刚将军和英国代表团的达伯农勋爵给他提供了协助，使波兰因此得以成功击退苏联红军的进攻，并且乘胜追击展开了血腥的报复行动。波兰一方面联合了那些波罗的海沿岸的反苏国家，另一方面在慕尼黑会议上又趁火打劫从捷克斯洛伐克身上捞了好处。苏联政府一方面很清楚波兰对他们的这种仇恨，另一方面也很明白波兰根本无力抵御德国的进攻。但不管怎样苏联更清楚自己当前的困境，大清洗运动严重破坏了红军的最高领导层，他们急需时间重整旗鼓以保全自己。在这种情况下，斯特朗先生此行的前景堪忧。

由于波兰和波罗的海国家不肯接受苏联的帮助，不愿意借助苏联的力量把他们从德国的手中拯救出来，谈判在这个问题上僵持不下，因而最终没有取得任何进展。《真理报》在6月13日发表的社论中称，芬兰、爱沙尼亚、拉脱维亚保持有效中立，这对维护苏联安全至关重要。该社论还指出，保障这些国家的安全对于英法来说具有重要意义。"连丘吉尔那样的政治家"也是这样认为的。6月15日各方在莫斯科针对这个问题进行了讨论。翌日，有苏联报纸宣称"苏联外交部方面认为当前谈判并不顺利，对初次会谈的结果不太满意"。整个7月，谈判都在时断时续地进行着。最终苏联政府提议从军事层面与英法代表展开进一步谈判。于是8月10日，英国方面派出了一支代表团前往莫斯科参加谈判，该代表团由德拉卡斯海军上将率领。不过这些军官并

---

① 华沙之战，俄波战争中的大决战。——译者注

没有获得进行谈判的书面授权。法国方面也派出了一支代表团，该代表团由杜芒克将军率领。苏联方面派出了伏罗希洛夫元帅，代表苏方参加并主持谈判。我们现在得知，当时苏联政府也让德国派了一名代表到莫斯科参会。由于波兰和罗马尼亚坚决不同意战时向苏联借道，英、法、苏三国的军事谈判就此破裂，各方最终未能达成共识。波兰人拒不借道的理由是："德国人来了，我们有丧失自由的危险；而苏联人来了，我们则有丧失灵魂的危险。"

＊　　　＊　　　＊

　　后来，1942 年 8 月的一个早上，斯大林在克里姆林宫告诉了我苏联方面当时的一些情形。他说："我们当时觉得倘若德国入侵波兰，英法两国政府根本无意参战，他们只是希望英、法、苏三国能站在同一阵线，从外交上给德国施加压力，让希特勒不敢轻举妄动罢了。我们相信这样做根本遏制不了希特勒的狼子野心。"斯大林当时曾问道："法国可以调集多少兵力对抗德国？"对方回答说："大约一百个师。"他接着又问："那英国可以派多少呢？"对方回答说："两个吧，以后可以再增派两个。"斯大林喃喃道："哦，两个，以后可以再增派两个。"随后他又问："那你们知道如果我们苏联与德国交战，我们会投入多少兵力吗？"他顿了顿，继续说道："我们会派三百多个师。"我不知道这是他和谁的对话，也不知道是什么时候的对话，这些他都没有告诉我。可我们必须承认这番话说得很有道理。然而，这对英国外交部的斯特朗先生来说，可不是什么好事。

　　为了便于讨价还价，斯大林和莫洛托夫刻意隐藏了他们的真实意图，他们打算直到最后时刻才摊牌。在与英法和德国两方分别接洽的过程中，莫洛托夫和他的下属们纵横其间游刃有余。8 月 4 日，德国大使舒伦堡先生从莫斯科发出了一封电报，他在电报中写道："从莫洛托夫的整体态度来看，很显然苏联政府实际上更倾向于德国，希望改善苏德关系，但是可以感觉得到他们从前对德国的那种不信任感依然

存在。不过从总体来看，我个人认为只要英法满足了苏联的所有要求，苏联政府就会下定决心与他们签订协议。然而可以确定的是，谈判还需持续很长一段时间，因为苏联对英国尚存有极大的不信任感。我们必须做出相当的努力才能让苏联政府转换方向。"其实当时大局已定，舒伦堡先生完全多虑了。

8 月 19 日晚，斯大林向政治局宣布他打算同德国签订条约。英法联合代表团直到 8 月 22 日晚上才见到伏罗希洛夫元帅求证此事。伏罗希洛夫元帅对法国代表团的团长说："我们同法国进行军事合作的问题多年来一直悬而未决。去年捷克斯洛伐克被德国占领时，我们一直在等法国的消息看是否需要一同出兵干涉，但是法国始终没有给我们一个答复。要知道那时候我们的军队已经整装待命，随时可以出击……鉴于英国和法国政府在政治和军事的谈判上一味拖延，久久无法决断，为避免发生某些政治事件，我们只能这样做了。"翌日德国外交部部长里宾特洛甫抵达了莫斯科。

*　　*　　*

现在根据战后纽伦堡审判以及美国从德国手中缴获后公布的文件，我们才知道了这次苏德秘密交易的来龙去脉。我们永远不该忘记这次交易。当时里宾特洛甫和他的主要助手高斯一同飞抵莫斯科，据高斯回忆："里宾特洛甫先生于 8 月 23 日下午与斯大林先生进行了首次会晤……经过长时间的会谈后，我们德国的外交部部长里宾特洛甫先生回来了，看上去他很满意……"当天晚些时候，苏德双方很快就正式签订了《苏德互不侵犯条约》，签订过程非常顺利。高斯说："当时里宾特洛甫先生在前言部分专门插入了一句话，用来阐述苏德建立友好关系的重大意义。可是斯大林先生却不同意。他说纳粹政府已经肆无忌惮地向苏联政府连续泼了六年的大粪，现在突然让民众看到这样友好的宣言甚是不妥，所以不能这样写。"因此前言中的这句话就被删掉了。在条约附属的秘密议定书中，德国宣称自己不会打拉脱维亚、爱沙尼亚和芬兰的主意，只是想把立陶宛划入自己的势力范围。此外苏德两国还明确划分了之后瓜分波兰的界线。德国在议定书中声称自己对波罗的海国家只有经济利益的诉求。就这样直到 8 月 23 日深夜，《苏德互不侵犯条约》及其附属的秘密议定书才最终签订。

＊　　　＊　　　＊

尽管在本章和上一章中我心平气和地记录了《苏德互不侵犯条约》签订的台前幕后，但是我还是要说这种违反常理的事只有这两个国家的领导人才做得出来，也只有他们才敢直面这个举动引起的非难和反感。到底是斯大林更厌恶这个条约，还是希特勒更厌恶它，我们就不得而知了。总之双方都知道这只是权宜之计而已。毕竟两国制度不同，意识形态也不同，并且有着不共戴天之仇。毫无疑问，斯大林之所以会和希特勒签订这个条约，无非是私心驱使，想先让德国与西方国家作战以挫其锐气，届时德国便不再是苏联的劲敌，苏联自保无虞。而希特勒心里则是打着"各个击破"的小算盘，想暂时拖住苏联避免两线作战。德国同苏联成功缔结这样的条约，只能证明英法两国近年来在外交上实在是太失败了，无论政策还是手段都糟透了。

不过，在此我们还是有必要介绍一下苏联方面当时的情况。对苏联来说，最迫切的需要是德军阵地部署越靠西越好，因为只有这样苏联才能腾出时间，从地域辽阔的各个地区调集军队。1914 年俄国军队的悲惨状况一直让他们刻骨铭心，当时，他们仅调集了部分军队，就匆匆向德军发起了进攻。和上次大战相比，苏联现在的西部边界偏东了许多。因此在没遭受攻击之前，苏联必须想尽办法抢占波罗的海国家和波兰的领土，扩大自己的防御纵深，无论是使用武力还是使用欺诈手段都在所不惜。他们的政策虽说冷酷无情，但是在当时的确具有很强的现实意义。

苏德签约这个坏消息像一颗重磅炸弹，在全世界炸开了锅。据苏联塔斯社称：8 月 21—22 日，里宾特洛甫飞往莫斯科，准备同苏联签

订《苏德互不侵犯条约》。听闻此消息英国政府百感交集，但是丝毫没有感到害怕。他们立即公开回应："英国心意已决，誓将反抗法西斯的义务履行到底，这件事决不会动摇他们的决心。"现在大战已经一触即发在所难免了。

＊　　＊　　＊

该条约的某些条款还是很值得回味一下的：

> 缔约双方不得单独或者联合他国，对缔约的另一方使用武力、实施侵犯或攻击行为。

该条约为期十年。在条约期满的前一年，若双方均未提出废止该条约，该条约将自动续约五年。条约签订后，苏德双方代表在谈判桌旁纷纷举杯，欢庆这一历史性时刻。斯大林主动提议为德国元首干杯，他说道："据我所知，德国元首备受人民爱戴，我祝他身体健康！让我们干杯！"这件事告诉我们一个朴素的道理，那就是"诚为上策"。这个道理在本书的其他事例中也有所体现。斯大林与德国签订这个条约就是最好的例证。二十二个月之后，斯大林与苏联的千百万人民将为此付出惨痛代价。一个政府若是在道德上没有底线，虽然可以一时占尽便宜让自己为所欲为，但是"终有一天一切因果报应都会应验，等到末日将至大难临头时，所要偿还的债就更多了"。

＊　　＊　　＊

希特勒从秘密谈判中提前得知德国将于 8 月 22 日与苏联签署条约，于是他赶在里宾特洛甫还没从莫斯科回来之前，在条约尚未公布时，给总司令写了封信。信中写道：

我们从一开始就必须下定决心，如果要与西方国家大干一场……我们与波兰的冲突迟早都要来。虽然春季的时候我就已经做出了进攻波兰的决定，但是我还是认为应该先打西方，然后再回头进攻东方……我们根本不需要担心什么封锁。因为东方会给我们提供所需的粮食、牲畜和煤……我唯一担心的便是在最后关头，会有一些下流无耻的人觍着脸提出要调解……至此离我们的政治目的又进了一步。现在只是个开始，摧毁英国霸权指日可待。待我政治上部署完毕后，接下来就看你们军人的了。

＊　　＊　　＊

苏德两国签订《苏德互不侵犯条约》的消息一经公布，英国政府就立即开始采取防御措施。首先英国政府命令驻守海岸要地的防卫部队和防空部队集合待命，严防那些易遭攻击的地方。其次政府向各个自治领和殖民地发去电文，提醒他们尽快进入警戒状态。掌玺大臣也接到命令，把地方机构全部改为了战时编制。8月23日，内阁授权海军部，可以征用二十五艘商船并将其改装为武装商船巡逻舰。此外还征用了三十五艘拖网渔船，并给这些渔船装上了潜艇探测器。所有雷达站进行了防空部署，防空部队也全面戒备。兵员方面，英国政府征召了六千人的预备役用以扩充海外驻军，同时还征召了两万四千人的空军预备役以及所有的空军辅助部队，各雷达站中队也包括在内。所有现役军人均不得请假。海军部方面已经向商船发出航运警告。另外英国政府还采取了很多其他防御措施。

＊　　＊　　＊

首相决定给希特勒写封信，让他了解一下英国通过采取这些防御措施所表示出的决心。这封信并没有收录在法伊林先生写的《张伯伦传》里，而是刊印在其他地方。为了让各位读者对张伯伦先生能有个公正的评价，有必要让大家了解一下这封信的内容：

> 英国政府所采取的防御措施，已经在今晚的报纸和无线电广播中对外公布了。想必阁下很快就会有所了解。
>
> 英国政府认为采取这些措施很有必要，因为据报告，德国方面已经开始进行军事调动。另外苏德签订《苏德互不侵犯条约》后，柏林某些人士显然认为英国不会再介入德波争端。他们认为条约签订后英国出兵援助波兰的可能性变得微乎其微，已经无须顾虑。我想这真是大错特错了。无论《苏德互不侵犯条约》的性质如何，英国断然不会背弃《英国—波兰安全保证条约》中对波兰的条约义务。英国政府始终明确表示，坚决履行条约义务，保证波兰的安全。
>
> 有人说，如果1914年英王陛下政府能够表明自己的立场的话，那场浩劫或许本可以避免。无论这种说法是否站得住脚，这一次英王陛下政府决不会让人们再有这种悲哀的误解了。英国政府已经下定决心在必要时会倾尽全力与侵略者斗争到底。阁下要知道一旦双方开战，结果是无法预料的。如果你们认为战争开始后很快就能结束，那就太天真了。这个想法极其危险。一旦开战，哪怕你们想取得其中任何一条战线的胜利也是很艰难的。
>
> 现在我承认，我的确想不出什么办法来避免这场浩劫，避免把欧洲拖入战争的漩涡。可是我很清楚人类的生死存亡全系于统治者一念之间，因此我恳请阁下能权衡利弊，慎重考虑德国这种不理智行动可能会带来的后果。

希特勒在回复中详细叙述了德国准备用"无与伦比的宽广胸怀"来解决但泽自由市和"但泽走廊"的问题。此外，他还说了下面一段无耻的谎话：

英国对波兰的条约义务是一种无条件的安全保证，意思就是说只要波兰境内发生冲突，不管引起冲突的原因如何，英国都会对波兰施以援手。这样的保证无疑助长了波兰的恣意妄为，让它可以在英国的庇护下，肆无忌惮地采用骇人听闻的恐怖手段凌虐其境内的一百五十万德裔居民。

8月25日，英国政府公布了当时同波兰签订的正式条约的内容，并再次确认了此前提出的安全保证。英国之所以这样做是希望可以借此良机促成德波之间的直接谈判。当时这样一个事实摆在德国面前，如果德波直接谈判失败，英国就会站到波兰的一边。关于德国方面对此的反应，戈林战后在纽伦堡受审时这样说道：

就在英国向波兰做出正式安全保证的当天，我接到了元首打来的电话。他说他打算停止原定进攻波兰的计划。于是我问他这是暂时的还是永久性的，他回答说："只是暂时停止罢了，我要看看我们能不能让英国不要插手我们对波兰的进攻行动。"

事实上，希特勒的确推迟了进攻波兰的时间，从8月25日推迟到了9月1日，并且按照张伯伦所期望的那样，同波兰进行了直接谈判。然而他这样做并非想同波兰达成什么和解协议，而是想给英国政府找个托词，诱使英国政府违背当初的安全保证。不过德国这样想未免有些以小人之心度君子之腹了，要知道德国和英国政府的思想境界并不在同一水平上，这就好比英国议会和英国人民的思想境界有所差别一样。英伦三岛近千年以来都没遭到外族入侵，这里的人民也向来不太喜欢军事训练。不过他们有个很不同寻常的特点，那就是当危险日益迫近的时候，他们会越来越镇定，冷静地对待一切；当危险迫在眉睫的时候，他们勇猛顽强，敢于直面即将到来的挑战；而当国家已经处于生死存亡的危急关头时，他们则会无所畏惧勇往直前。就是这样的

性格特点，让他们一次又一次在危难中转危为安。

＊　　　＊　　　＊

当时希特勒给墨索里尼写了一封信，最近有人在意大利公开了这封信的内容：

领袖：

一直以来，德国和苏联都在考虑这样一个问题，即有没有可能找到一个政治合作的新基点。从某种意义上说，我觉得最近愈发有必要将这个设想转化为现实。这主要基于以下理由：

1. 世界政治的总体态势。

2. 日本内阁仍旧拖拖拉拉，迟迟不表明立场。一方面日本有意建立一个反苏联盟，就目前情况来看，我觉得他们只能拉我们德国还有意大利参加了。另一方面尽管他们反对苏联，但又不想与英国发生摩擦。对于我们德国和你们意大利来说，日本是否敢于反英具有决定性的意义。

3. 今春以来，德波关系一直都呈紧张态势，最近几周更是剑拔弩张，局面已经到了不可收拾的地步了，但这并不是我们德国的过错，主要是因为英国方面总是不安分，频频搞出些小动作。正是上述原因促使我加紧推动苏德间的谈判进程，争取与苏联达成初步合作协议。到目前为止，我还没有把这个问题的详细情形告诉你。自从李维诺夫被解职后，苏联就一直有意与德国接洽。最近几周，克里姆林宫明显改变了对德国的态度，这种意向越来越明显。因此待局势初步明朗之后，我将立即派我们的外交部部长前往莫斯科与苏联拟定条约内容。该条约将是世界上现存性质最广泛的互不侵犯条约，其全文内容很快就会对外公布。双方无条件地签订了该条约，此外还规定凡是涉及苏德利益的一切问题，均应通过磋商方式解决。领袖先生，我可以这样告诉您，有了这些规定，就可以确保苏联方面对我们抱一个友善的态度。而且最重要的是签订这个条约之后，一旦德国和波兰发生战争，就不用担心罗马尼亚方面会出兵增援波兰了。

墨索里尼收到这封信后，立即做出了如下回复：

您的来信刚刚由马肯森大使送过来，相关内容我已收悉，兹敬复如下：

1. 关于德国与苏联缔结条约一事，我表示完全赞同。

2. 日本方面，我认为应尽量避免疏远它或者与它决裂，否则它可能会同英法等民主国家阵营越来越亲近……

3. 《苏德互不侵犯条约》的签订，一方面可以阻断罗马尼亚与波兰的联系，另一方面或许还可以迫使土耳其改变其立场。虽然土耳其曾接受过英国一笔贷款，但是他们并没有缔结盟约。因此土耳其方面还是有可能改变立场的，这样一来便可打乱英法在地中海东部的战略部署。

4. 我完全能理解德国在波兰问题上的立场，我相信这种紧张态势不会持续很久，很快就能有个了结。

5. 一旦德国决定采取军事行动，关于意大利方面的态度，实话实说，我是这样想的：

如果德国出兵波兰且冲突仅限于该地区，意大利肯定会向德国提供所需的政治和经济援助。但是如果德国出兵波兰而波兰的盟国予以反击，我必须强调一点，鉴于意大利当前的军备情况，我们意大利实在力不从心，没法主动采取什么军事行动。此前我曾多次向元首您提及此事，并且也和里宾特洛甫先生说过。

不过倘若德国能立即向我们提供一些军火和战备物资，

使我们有能力应对英法可能对我们发动的进攻，那么我们便可以立即参战。在前几次会晤中，我们曾预计开战时间是1942年。到那时我们的海陆空三军应该就可以按照预定计划做好战斗准备了。

如果希特勒此前没有料到是这样的结果，那么现在他也应该明白了，一旦战争爆发他根本不能指望意大利会出兵相助。在这最后一刻，墨索里尼仍然想重演慕尼黑的角色，然而这招已经不管用了。关于大战前德国最后一步行动的消息，这位意大利的领袖还是通过英国而并非德国得知的。8月27日，齐亚诺在日记中这样写道："此前德国向英国提交了一份建议书，直到后来英国将这份建议书的全文转交给了我们，我们才发现自己对建议书的事一无所知，完全被蒙在了鼓里。"墨索里尼现在唯一的要求就是希望希特勒能默许意大利在冲突中保持中立。希特勒满足了他的这个要求。

*　　*　　*

8月31日，希特勒发出了"第一号作战指令"：

1. 既然东部边界的形势已经到了德国难以容忍的地步，且通过和平的政治手段解决已然无望，我决定动用武力来解决问题。

2. 各部队应按照"白色方案"的既定战略计划向波兰发动进攻。由于陆军方面的军事部署现已基本完成，进攻方案会因此有所调整和变更。尽管如此，任务分配和作战目标仍然按原计划执行。

进攻日期为1939年9月1日。进攻时间为4时45分（红色铅笔注）。

3. 西线方面，重要的是要让英国和法国承担首开战端的

责任。对于敌方侵犯边界的小规模活动，一开始只是采取一些局部行动应对便可。

*　　*　　*

我从莱茵河前线回来后，在巴尔桑夫人那里度过了几天快活的日子。和我在一起的那群人虽然表面看起来乐呵呵的，但是内心却是焦虑不安。我们住在一个古堡里，纳瓦尔的亨利王在伊夫里战役打响前也曾在这里住过一晚。华莱士夫人和她的几个儿子也和我们一起住在那里。她丈夫是内阁的一位部长。她一直在这里等着丈夫过来，但前不久接到电报说她丈夫来不了了，至于来不了的原因，以后再告诉她。除此之外，其他一些危险的预兆也纷至沓来。人们对此都深感不安。就连位于厄尔河和韦斯格尔河交汇处的可爱的厄尔山谷里的阳光，似乎也变得不那么温柔了。在这种不安的气氛里，我画画都没什么心情。于是8月26日，我决定动身回国，因为在国内至少我能清楚地知道目前局势到底如何。我对妻子说，我会在恰当的时候告诉她应该何时回国。途经巴黎时，我邀请乔治将军一起吃了顿午饭。席间他盘点了一下法国和德国陆军的各项数据，并按照实力强弱将这些师划分成不同等级加以比较。其结果令我印象极其深刻，我第一次这样惊叹道："那你们明显占优势啊。"他回答说："其实德军还是很强大的，而且我们又不能先发制人。不过如果他们胆敢主动进攻，我们两国将联手给他们迎头痛击。"

回到英国的当晚，我住在恰特韦尔的家中。第二天，我邀请艾恩赛德将军到我家住一段时间。他刚从波兰回来，带回来许多关于波兰军队的消息，这些消息对当前形势都极有价值。艾恩赛德将军说他在那里观摩了波兰某师的演习，他们的士兵在炮火的掩护下发起攻击，最后仅有少量伤亡。他还看到波兰全国士气高涨。他在我这里住了三天。虽然未来是个未知数，但是我们仍然试图做出一些预测。与此同时，我住所厨房的砖墙也砌好了。过几年我想举家搬过来住，所以去

年一整年我都在为此忙碌着。我的妻子收到了我的电报后，便于 8 月 30 日经敦刻尔克返回了英国。

*　　*　　*

当时在英国已知共有两万名有组织的纳粹党员。根据他们在其他国家所使用的手段来看，在战争爆发前这些纳粹党成员通常会先搞些破坏或者暗杀活动。当时我没有任何官方的保护，当然我也无意提出这类要求，不过考虑到我如此引人注目，我觉得还是应该采取一些预防措施以备不测。根据我手上掌握的大量情报，我十分确信希特勒视我为眼中钉肉中刺。我的朋友汤普森先生在做督察以前曾在伦敦警察厅做过侦探，现在已经退休了。所以我请他带上他的枪跟我住在一起。我也找出了自己的武器，这些武器倒是保存尚好。当一个人睡觉时，另一个人就负责放哨，以防有人乘虚而入。此时战争一触即发。一旦开战，我很清楚我将不得不担起重任力挽狂澜，对于这一点谁还会有所怀疑呢？

第四章

FOUR

战　争

张伯伦先生邀我加入战时内阁——英国对德宣战——防空警报第一次在英国上空响起——重返海军部——第一海务大臣达德利·庞德前来拜访——1914 年和 1939 年海上形势的对比——海军的战略形势——意大利的态度——地中海战略——潜艇的威胁——空袭的威胁——日本的态度——新加坡局势——战时内阁架构——午睡的妙用

　　9 月 1 日拂晓，德国突袭波兰。同一天早上，我军奉命整装待发。首相邀请我下午去唐宁街 10 号会面。会面时，他说避免与德国开战的幻想已经破灭，提议组建一个由各政党少数当权人物组成的战时内阁，这个战时内阁作为最高军政管理机构，不受任何部门管辖。据他了解，工党不愿意加入联合政府，但他仍然希望自由党可以加入。他邀请我加入战时内阁，我二话不说，欣然接受了。然后我们就内阁人选问题和应采取哪些具体措施讨论了很长时间。

　　一番深思熟虑后，我觉得战争最高执行机构的内阁成员的平均年龄过高。为此，我在午夜之后致信张伯伦首相：

　　　　我们的内阁成员是不是年纪都太大了？我发现您昨天提到的六个人，年龄加起来竟有三百八十六岁，平均年龄六十四岁！再过一年就可以拿养老金了！不过，如果把辛克莱（四十九岁）和艾登（四十二岁）纳入内阁，内阁成员的平均年龄便可降至五十七岁半。

　　　　《每日先驱报》曾报道工党不打算加入联合政府，如果消息属实，那我们日后一定会经常遭人诟病，还要面对战争中经常会出现的令人沮丧和意外的事件。因此，我认为当前的重中之重是邀请处于反对党地位的自由党加入我方阵营。艾登在支持他的部分保守党人以及温和的自由党人中颇具声望，我认为我们可以利用他的影响力来增强我方实力。

波兰遭受德国猛烈进攻已有三十个小时之久。听闻在巴黎还要进行一次谈话，为此我深感担忧。我相信您最迟会在今天下午议会开会时，提出有关联合宣战的声明。

如果海军部不采取特别措施，并在今天发出信号，那么德国军舰"布莱梅"号就会马上驶出阻截区。虽然这个问题在目前看来无足轻重，但日后有可能会酿成大祸。

丘吉尔在此听候您的指示。

1939 年 9 月 2 日

9 月 2 日全天都非常紧张，危机四伏，而我却一整天都没收到张伯伦先生的消息。我想他也许正在为和平做最后的努力，事实也的确如此。但下午在议会上却爆发了一场短暂的激辩，首相妥协退让的声明引起了下议院的不满。格林伍德先生起身代表工党发言时，保守党的艾默礼先生①向他高喊"为英国发声"，博得了满堂喝彩。可见下议院无疑是主张参战的。我曾参与过 1914 年 8 月 2 日的议会会议，但我认为这次会议大家的态度比那次更为果断和团结。当晚，各党派的一些重要人物都到位于威斯敏斯特大教堂对面的我的寓所议事，他们忧心忡忡，生怕英国不能履行对波兰的义务。下议院准备第二天下午再次开会。当晚，我致信首相：

星期五会谈过后，我知道我即将成为您的内阁同僚，您说很快就会将这个任命公之于众，但自那以后，我就再也没

①　里奥·艾默礼（1873—1955），英国政治活动家。20 世纪 30 年代，在对外政策上与温斯顿·丘吉尔持相近的立场，激烈抨击《慕尼黑协定》。——译者注

有收到任何后续消息了。今天是如此暗流涌动，我真不知道究竟发生了什么。虽然现在议会中的主导思想与您对我说的"木已成舟"的思想截然不同，但我非常理解您为了应付棘手的欧洲局势，也许只得另寻他法。在中午开会之前，我觉得于公于私，我都有权利知道我们究竟处于何种立场。

依我之见，如果工党和自由党彼此关系疏远，那么要在如此狭隘的基础上建立您曾经提及的高效战时政府将会困难重重。我认为眼下我们应当加倍努力，争取将自由党纳入麾下，至于您曾和我讨论过的战时内阁组织与范围问题，我认为还需重新商榷。今天晚上的议会透露出这样一种感觉，即我们明显减弱的决心已经破坏了全国的团结。我知道法国问题相当棘手，但我坚信我们目前必须做出决定，才能给法国盟友树立榜样。为此，我们需要尽己所能组建最强大、最团结的联合政府。同时我认为，在我们下次会谈之前，暂时先不要公布战时内阁的成员名单。

正如前天深夜我在写给您的信中所说的那样，我会全心全意听候您的指示，并衷心希望能助您一臂之力，完成艰巨的任务。

1939 年 9 月 2 日

后来我了解到，英国在 9 月 1 日晚上九点半向德国下达了通牒，接着又在 3 日上午九点向德国下达了第二次也是最后一次通牒[①]。3 日晨间广播宣布首相将于十一点十五分发表广播演讲。目前看来，英法两国似乎将会立即宣战，为此我准备了一篇简短的演讲，我认为演讲的内容符合眼下这个在我一生中和英国历史上都最为庄严肃穆的时刻。

首相通过广播演讲告诉我们，英国已经进入战争状态。话音刚落，

---

　　①　意即在谈判破裂前的"最后的话"，如果最后通牒不被接纳，下一步就是严厉的制裁甚至是宣战。——译者注

耳边突然传来一阵陌生、绵长、凄厉的警报声，后来大家对这种警报声也都习以为常了。我的妻子知晓形势危急后，神色慌张地跑进房间，随后我们一起爬上公寓屋顶，查看屋外的情况。彼时9月秋高气爽，四周环立的伦敦房顶和塔尖在阳光下一览无遗，房顶和塔尖之上已经缓缓升起了三四十个圆柱形的气球。看到政府如此积极地做准备，我们感到十分欣慰。十五分钟的准备时间估计快到了，于是我们拿了一瓶白兰地和一些或许用得上的药品，前往安排好的防空洞。

防空洞就设在离街道一百码左右的地方，实质上就是一个露天地下室，甚至外面连作掩护用的沙袋都不见一个。防空洞里面已经聚集了六户人家，他们从容自得，互相打趣。英国人在面临福祸未知的前途时态度一贯如此。我从门口望向空无一人的街道和摩肩接踵的防空洞时，不禁联想到了这样一幅景象：城市夷为废墟，民众惨遭屠杀，爆炸惊天动地，高楼轰然倒塌，敌机嗡嗡盘旋，消防队和救护车在弥漫的硝烟里来回穿梭……我们不是早就知道空袭会如此恐怖了吗？是的！为了彰显自己的重要性，空军部一直在夸大空袭的威力。和平主义人士曾就国民对空袭的恐惧心理大做文章，我方一些人士虽然不相信那种最为可怕的猜测，但也赞成把这种猜测当作对当局的鞭策，一直敦促政府未雨绸缪，建立一支所向披靡的空军。我知道政府在战争开始前就已经有所准备，预备了至少二十五万张病床，供空袭中受伤的病患使用。现在我们该来看看实际情况到底如何。

大约过了十分钟，警报再次响起。我不敢判断这次是不是重复警报，但有个人一路沿着街道边跑边喊"警报解除"，于是大家四处散开，返回各自的住所去处理事务。我是要去下议院的。下议院在中午准时开会，会议按照议事章程不紧不慢地进行，与会人员做了简短但不失庄严的祈祷。会议过程中，我收到了首相的便函，让我在激辩结束后立刻到他的房间与他会面。经历了这几日的极度紧张与兴奋之后，我坐在座位上，虽然耳朵里听着议员们的演讲，但心里却激不起一丝波澜。因为此时，我的内心一片安宁，感觉到一种摆脱世俗事务的超脱与释然。英国爱好和平，我们虽然备战不足，但为了国家荣誉，也能立即挺身而出，英勇无畏。古老英国的这种光荣传统使我心潮澎湃，似乎把我们的灵魂提升到了一个远离喧嚣尘世与肉体感受的层面。我演讲时曾试图把这种激动的心情传递给下议院，收到的效果还不错。

张伯伦首相告诉我他细读了我的来信，认为自由党不会加入联合政府，还说他赞同我信中提到的平均年龄问题，打算把担任行政职务的三位部长也纳入战时内阁，如此一来，战时内阁的平均年龄便可降至六十岁以下。这样的话，他便有机会让我加入海军部和战时内阁。我听了非常高兴，虽然我从未说过，但我当然更喜欢明确的职责，而不是像很多权势颇大的部长那样高高在上，指挥别人工作，却没有接管任何具体部门，发号施令往往要比进言纳谏容易得多。即便是在一定范围内有权决定采取行动，也比参加泛泛的讨论好得多。假如一开始首相就让我从战时内阁与海军部中二者择一的话，我一定会毫不犹豫地选择后者。而现在我两者兼得。

张伯伦首相只字未提我何时可以正式获得国王授职，事实上，直到 3 日我才正式得到任命。战争伊始的几个小时对海军来说至关重要，为此我告诉海军部我将立刻接管海军部事务，并于六时到达。海军部接到通知后，立即向舰队发送信号——"温斯顿回来了"。就这样，我又回到了这间办公室，这个大约二十五年前我满怀遗憾与痛楚离开的伤心之地。当时由于费希尔勋爵辞职，我海军大臣的职务也随之遭到罢免，而且事后证明，就连强行登陆达达尼尔海峡的重要计划也毁于一旦①。我坐在我的旧椅子上，身后不远处放着装有地图的木匣，那是我 1911 年就放在那儿的，北海地图还装在里面。那时我为了密切关注首要目标，每天都让海军情报局记录德军公海舰队的行动与部署情况。自 1911 年到现在，已经过去了至少二十五个年头，我们又一次被困于德国的魔爪之中，惨遭蹂躏和威胁。让我们再次奋起反抗，捍卫无辜饱受荼毒和侵略之苦的弱国的权利，捍卫我们的生命与荣誉，

---

① 1915 年丘吉尔主张在达达尼尔海峡登陆，进攻土耳其，以便包抄德国。这场战役持续八个月，英法军队死伤惨重，最后不得不自行撤退。同年 5 月，第一海务大臣费希尔引咎辞职，不久丘吉尔也被解除了海军大臣职务。——译者注

反抗这个骁勇善战、纪律严明但却残酷无情的日耳曼民族的一切暴力行为。既然如此，那我们便再次兵戎相见，战斗吧！

*　　*　　*

没过多久，第一海务大臣前来拜访。早前在海军部任职之时，我就对达德利·庞德[1]略有耳闻，知道他是费希尔勋爵麾下的亲信参谋。1938年意大利进攻阿尔巴尼亚时，庞德曾统领地中海舰队，那时我还在议会上对他的海军部署进行了猛烈抨击。而如今我们却成了同僚。庞大的海军部工作能否顺利开展就看我同庞德能否摒弃前嫌、同心协力，能否在大是大非上保持一致。我们都向对方投去了怀疑而友善的目光。没过多久，我们的友谊便不断升温，也越来越信任彼此。我了解并欣赏庞德海军上将过硬的专业能力以及他身上散发出来的人格魅力。战场上变化无常，胜负难料，但是我们并肩作战，经受住了考验，成了肝胆相照的战友和朋友。四年后，正值意大利之战大获全胜之时，庞德竟溘然长逝，令我悲痛不已，我怀着悲伤的心情悼念了海军以及战争中英勇牺牲的亡灵。

整个3日晚上，我几乎都在接见海军部的诸位大臣以及各个部门的负责人，4日早上便着手处理海军事务。正如1914年一样，海军在总动员之前便已提前做好准备应对突袭。早在6月15日，海军就招募了大量后备军官与士兵服役。后备舰队已经全员到齐并进行训练，8月9日接受了国王的检阅。22日，其他各级后备人员也应征入伍。24日，议会通过了《紧急权力法案》，同时命令舰队驶往作战地点。事实上，我们的海军主力已经驻扎在斯卡帕湾[2]数周之久。舰队奉命进行了总动员后，海军部的作战计划得以顺利展开。尽管作战计划存在

---

① 达德利·庞德（1877—1943），英国海军将领，被人称为"丘吉尔的锚"。——译者注

② 斯卡帕湾，位于英国苏格兰地区最北端、奥克尼群岛境内，有3条航道通向大西洋和北海。——译者注

着严重缺陷，其中以巡洋舰和反潜舰艇最为严重，但面临重任时，舰队仍然完全可以和 1914 年一样挑起大梁。

*　　*　　*

　　读者们可能都知道我对海军部以及皇家海军了如指掌。从 1911 年到 1915 年的四年间，我在最初局势动荡的十个月里，主持舰队的备战事宜，还要负责海军部，这是我人生中记忆最为鲜明的一段。那时，我收集了许多舰队以及海战的详细信息，从中汲取了很多经验教训。而且我还研究并撰写了许多海事论著。我在下议院经常就这些问题发言。我一直以来都和海军部保持着密切联系，虽然他们一直抨击我，但我却暗中参与了不少他们的机密行动。我在防空研究委员会工作的四年间，了解到了当时最为先进的雷达技术的发展情况，雷达技术的发展已和海军事务息息相关。我在前文中提到过，1938 年 6 月第一海务大臣查特菲尔德勋爵曾亲自带我参观波特兰岛①的反潜艇学校，我们还一同乘坐驱逐舰出海，参加了用潜艇探测器侦察潜艇的演习活动。我与已故的海军上将亨德森关系密切，他在 1938 年之前一直掌管着海军军需事务，而且当时的第一海务大臣还鼓励我和查特菲尔德勋爵讨论设计新型战舰以及巡洋舰，因此，我对海军新的发展有全面的了解。我看过许多相关书籍，对我方舰队的实际和潜在实力、组织和结构了如指掌，对德国、意大利以及日本海军的相关情况更是不在话下。

　　为了指出症结所在并激励士气，我的公开讲话免不了要指出我国海军的缺陷与不足，但绝对没有毁损皇家海军拥有强大实力的事实和我对海军的信心。如果说海军还没有做好与德军或者德意联军作战的准备，那么这对张伯伦政府或对其海军参谋来说都失之偏颇。至于如何有效保卫澳大利亚和印度以及防止日本同时袭击两国一事，则更是困难重重，尽管此时不太可能发生这样的事情，但是一旦发生，一定

---

　　① 波特兰岛，位于英吉利海峡，该岛北部拥有人造深水良港。——译者注

会波及英国。因此，在我就职期间，我认为我率领的这支舰队无疑是世界海战中最精良的队伍。我相信时间可以补救和平时期的疏忽，也能解决战争中难免出现的令人不悦的意外。

*　　*　　*

现在的形势绝不是在重演 1914 年海军的窘境。当年参战期间，我方的主力舰数量与敌方数量的比例为十六比十，巡洋舰数量的比例为二比一。那时我们动用了八艘战列舰，包括八支作战分遣舰队，每艘战列舰各配有一艘巡洋分遣舰队和一支小舰队，此外还有多支重要的独立巡洋舰队。我期待我方能同敌方实力稍逊但不失强大的舰队一较高下。现今德国海军才刚开始重建，甚至没有能力组建一条战线。德国海军的两艘巨型战列舰"俾斯麦"号和"提尔皮茨"号被认为违反了《凡尔赛合约》规定的吨位限制，还要一年才能完工。1938 年完工的两艘轻型战列巡洋舰"沙恩霍斯特"号和"格奈森诺"号，原先是一万吨，被德国人强行使用各种手段突破到两万六千吨。此外，德国还有"施佩伯爵"号、"舍尔"号以及"德意志"号三艘一万吨的"袖珍战列舰"、两艘装备八英寸口径大炮的一万吨的快速巡洋舰、六艘轻型巡洋舰以及六十艘驱逐舰和小型舰艇。可见，从水面舰艇方面来看，敌方不敢轻举妄动挑战我方的制海权。无论是数量上还是实力上，德方与我方海军相比无疑都是相去甚远，我方海军在科学训练和技术层面更是无懈可击。抛开缺乏巡洋舰以及驱逐舰的不足之处，舰队还是保持了一贯的高水平。今后它要面对的不仅是克敌制胜，还要肩负起无数的重任。

*　　*　　*

我在前往海军部之时便想好了海军战略局势的雏形。对敌军而言，控制波罗的海至关重要。这是为了防止苏联入侵、获得斯堪的纳维亚半岛的供给和瑞典的矿石，并保卫德国北部绵长的海岸线（那里并未设防，其中一处距离柏林只有一百英里左右），德国海军设法控制波罗的海势在必行。基于此，我料定战争初期德国断不会对波罗的海的控制权做出妥协。所以为了干扰我方海运，德方或许会派出潜艇、突袭巡洋舰，甚至"袖珍战列舰"也不无可能，但敌人绝不会冒险牺牲这些对控制波罗的海至关重要的舰船。就当前德方舰队的发展而言，其主要甚至是唯一的目标便是控制波罗的海。为了坚守制海权这一主要目标，维持封锁这一海军攻势，我们必须要在北部水域驻扎一支强大的舰队。但是无论是波罗的海还是赫尔戈兰湾的出口，似乎都不需要安排超强的英国海军力量。

作为波罗的海的侧门，基尔运河一旦遭到空袭，哪怕只是暂时关闭，也能大大加强英国的安全。

一年前，我曾就此次特别行动致函托马斯·英斯基普爵士：

> 如果我们能在与德国交战时切断基尔运河，这将大有益处。理由众所周知，我便不再赘述。我们应当立即制订计划，若有必要，计划变动的细节可由特别技术委员会商榷拟定。基尔运河上的水阀较少，两端的海平面并无显著差异，因此就算是使用威力最猛的炸弹对其进行轰炸，运河也可在短时间内恢复使用。另外，如果向运河投放多个中型定时炸弹，时间设置为一天、一个礼拜或一个月等，那么由于炸弹爆炸时间难以捉摸和爆炸地点不定，德方则不得不封锁整条运河，把运河挖个底朝天并排除隐患后，战舰以及重要船只才能再次通行。此外，还可以考虑向其投放具有磁性感应的特殊水雷。

> 1938 年 10 月 29 日

鉴于不久之后发生的事情，当时磁性水雷理应得到重视。但那时我们并没有采取任何特殊措施。

＊　　＊　　＊

战争爆发之初，英国商船的总吨位在两千一百万吨以上，数量与 1914 年大致持平。由于船只的平均规格大小有所增加，因此数量有所减少。这些船只并不能全部用于商贸，海军需要各种类型的船只辅助作战，大部分是从定期远洋的大型客轮中调用。所有国防部门都需要具有特殊用途的船只，帮助陆军以及皇家空军向海外运输军队和装备，协助海军负责战舰基地以及其他地区的相关事务。此外，还要向世界各地的战略据点提供燃料。为完成所有这些任务还需近三百万吨船只。截至 1939 年年末，得失相抵之后，英国商用船只总吨位可达到一千五百五十万吨。

意大利并未宣战，但不难看出，墨索里尼是在静待时局变化。我们认为在一切尘埃落定、所有部署完成之前，还是要小心行事，最好将航线绕过好望角。我方海军与德意联军相比，具有压倒性的优势，同时，我方还有法国舰队的强力支持。雄才大略的达尔朗海军上将负责法国舰队已有很长时间，他将舰队的实力与效能提高到了自帝国时代以来的一个新高度。如若意大利成为敌国，那么我们的首战将在地中海地区打响。除非是为了行一时之便，否则我坚决反对所有放弃地中海中心地带和仅仅封锁这个大内海两端的计划。即便没有法国海军的协助与其防御海湾的庇护，仅凭我方一己之力也足以在两个月或更短的时间内，将意大利舰船驱逐出去，完全控制地中海。

英国控制地中海，对敌国意大利造成的伤害可能是致命的，将影响其继续作战的能力。意大利在利比亚和埃塞俄比亚的军队也将成为瓶中的无根之花，命不久矣。法国与我方驻埃及部队可随时获得增援，但意大利的士兵就算没有饿殍载道，也将不堪重负、疲于奔命。若地中海中部失守，那么埃及、苏伊士运河以及法国属地便会失去庇护，德方将和意军进攻这些地方。再者，在战争伊始的几周内，如若我方能在此处战场上速战速决，取得一连串的重大胜利，这将会对对德之

战大有裨益。我相信，我方在海陆两个领域都将所向披靡。

*　　*　　*

在我复职之前，我轻信了海军部关于能够战胜敌方潜艇的言辞。尽管在和敌军潜艇最初的几次遭遇战中，我们的潜艇探测器的效能得到了证明，但我方目前的反潜舰艇数量仍十分有限，远不能保护我方免受巨大损失。当时我曾发表过看法，即在外海，潜艇作战应做到可控，在地中海则应做到绝对可控。失败虽在所难免，但不会影响事态的整体走向。现在看来，这种观点有一定道理。在潜艇战的第一年里，并无重大事件发生。

战前，因为没有预料到空袭对英国舰队可能造成的危害以及随后所产生的影响，我和海军部上下的普遍想法一样。在尚未开战的几个月前，我曾写道："依在下拙见（因为事态很难判断），以英国战舰现有的装备与防护来看，就算发生空袭，舰队也能充分发挥自身的海上优势。"但空袭所产生的影响不容小觑，尽管可能有些夸大，但它确实在短时间里阻挠了我方舰队的行动，特别是在地中海地区的行动。当时马耳他岛①几乎没有设置防空设施，我们又无法立即解决这个问题。

但在战争的第一年里，英国并无主力舰艇在空袭中被击沉。

*　　*　　*

此时，并没有任何迹象表明日本会有敌对行为或图谋不轨。日本最为关注的自然是美国。在我看来，即便美国当时还未卷入战争，也不会任由日本大举侵略亚洲国家而坐视不管。如果美国参战，即便只对日本一国开战，我方依旧是得大于失，因为这样一来，可以缓解日

---

①　马耳他岛，位于地中海中央，利比亚与西西里岛之间，有"地中海心脏"之称，是欧亚非海运交通的枢纽。——译者注

本对我国的敌意和仇恨。无论远东地区遭遇何种危险，我们首要关注的依然是欧洲地区。我方无法保障在黄海地区的利益与财产免受日方袭击，我们的保护范围最远只能到新加坡。在地中海安全切实得到保障和意大利舰队被消灭之前，我们必须固守新加坡要塞。

如果新加坡要塞驻有足够的军队，并有至少能维持六个月的食品弹药，即使战争爆发，日本派遣舰队和军队攻打新加坡，我也不觉得有什么可担忧的。新加坡到日本的距离就和南安普敦①到纽约一样远。如果日本想登陆新加坡，就得派出主力舰队和能装载六万人以上的运输舰。一旦切断日本的海上航线，这种"围剿"必定以失败告终。然而如果日本攻占了中南半岛以及暹罗（即今天的泰国），并在离暹罗三百英里处部署强大的陆空力量，那么以上观点便不再适用。但这种情形在一年半载内不会发生。

只要英国海军还未战败，只要我们坚守住新加坡，日本企图侵略澳大利亚或新西兰就是不可能实现的。我们可以向澳大利亚承诺，保证他们不受侵略的威胁，但一切都要按计划一步步进行。野心勃勃的日本在大举进攻并控制黄海后，不太可能再派遣一支军队长途跋涉去征服和殖民统治澳大利亚。因为日本必须要有一支数量庞大、装备精良的军队，而且要花很长时间才能对澳大利亚方面构成震慑。但如果长期投入到与澳大利亚的斗争中，日本舰队就会分散其军事力量。无论何时，只要需要，英国都能派出强大的海军力量，切断侵略国与其基地的联系。美国大可告诉日本，只要日本将舰队和运输舰开往赤道以南，就是一种战争行为。美国完全可以发表这种声明，对这个有可能会发生的事件表明态度不会有什么负面影响。

截至 1939 年 9 月 3 日夜，英、德、美、法、意、日等国的海上实力（包括在建或者已建的舰艇）均分列在本套书第二册的附录（4）中。我当时深信，在世界大战的第一年，澳大利亚与新西兰本土都不会有任何危险，第一年结束时，或许能够看到海上的敌人均已遭到肃

---

① 南安普敦，英格兰东南部汉普郡的一个港口城市。——译者注

清。事后证明,我对第一年海战的这些预测都是正确的。我将在后文详述 1941 年—1942 年发生在远东地区的重大事件。

＊　　　＊　　　＊

以《泰晤士报》为主的媒体舆论认为,要遵守战时内阁应由不承担部门责任的人员组成这一原则,该原则还规定了内阁人数应以五六人为宜,因为这种构架可帮助战时内阁协商制定出广泛的作战策略,特别是在重大决策上。简而言之,"这五人只需指挥战争而不需要管理任何其他事务",这可谓是一种最为理想的状态,但实际上却存有诸多缺陷。战时内阁的政治家们无论地位有多显赫,声望有多高,但在和重要部门的主管大臣们打交道时依然处于劣势,最为突出的是海、陆、空三个部门。其原因是战时内阁的成员虽然可以制定重大决策,可以事先建言献策,事后予以批评指正,但不直接负责每日事务。而海、陆、空三军的大臣们有专业同僚的协助,还肩负作战的重任,对战争中的大小事务了如指掌,因此战时内阁的成员无法和他们有效沟通。如若战时内阁的阁员们能够团结一致,事情将会好办得多,但成员之间往往都是各持己见,互不相让,讨论争辩无休无止。而此刻战争形势正在逐日追风地变化着,对所有情况和数字都了如指掌的相关负责大臣,战时内阁成员自然不敢多加诘难,而对那些具体负责的部长,他们又不忍心施加压力。长此以往,战时内阁成员便成了空挂虚衔的监督批评者,每天只能是翻阅大量资料,但对如何运用毕生所学促使战事顺利进行却是毫无头绪。当各个部门争吵不休、僵持不下时,阁员们往往只能予以调停或劝双方妥协。因此,负责外交和作战部门的大臣必须是最高机构中最有凝聚力的成员。一般来说,在"五巨头"中,至少有一些人进入战时内阁不是因为他们在作战方面具有很好的专业知识或具有特殊才能,而是因为他们具有政治影响力。因此,政治影响力导致战时内阁成员人数开始有所增加,远超最初的五人。毋庸置疑,如果首相亲自兼任国防大臣,战时内阁成员的人数便能得到控制。就我个人而言，我处理事务时不喜欢周围有无专职部门的大臣顾问，而更喜欢和部门领导直接交谈。每个人每天都应兢兢业业地做好自己负责的专门事务，这样才不会无事生非或无中生有。

由于当时的形势所迫，张伯伦首相一开始组建的战时内阁的成员人数就十分庞大，囊括了外交大臣哈利法克斯勋爵、掌玺大臣塞缪尔·霍尔爵士、财政大臣约翰·西蒙爵士、国防协调大臣查特菲尔德勋爵、国务大臣汉基勋爵以及海、陆、空三军首脑即陆军大臣霍尔·贝利沙、空军大臣金斯利·伍德爵士与我。此外，自治领事务大臣艾登先生以及内政大臣兼内政部国务大臣约翰·安德森爵士虽然不是战时内阁正式成员，但是必须出席所有会议。以上共计十一人。将三位作战首脑纳入战时内阁的决定大大地撼动了查特菲尔德勋爵作为国防协调大臣的权威。但查特菲尔德勋爵一贯胸怀坦荡，他对此欣然接受。

除我以外，其他所有阁员多年来不是主管国内政务，就是参与我们现在不得不面对的外交与战事。艾登先生已于1938年2月因外交政策请辞。我十一年来不曾担任过公职，对过去发生的事情以及现在显然缺乏准备的情形不负有任何责任。相反，在过去的六七年间我预言了各种灾难，而现在看来大部分预言都已成为现实。我们现在拥有强大的海军。就现阶段来说，只有海军是我们在实际战斗中唯一可以依靠的力量，尽管如此，我并不觉得自己处于劣势。但如果失去了首相及其同僚的关爱和忠诚的支持，我将会真正感觉自己处于不幸之中。我了解这些阁员们。他们中大部分人曾与我在鲍德温内阁期间共事过五年，其间我们经常联系，和睦相处，但有时难免意见相左，发生争执。约翰·西蒙爵士和我代表着老一代的政治理念。在其他阁员担任公职之前，我已断断续续地为英国政府效力了十五年之久，西蒙爵士的效力时间与我相仿。在第一次世界大战的紧张局势下，我曾出任过海军大臣和军需大臣。首相在年龄上比我略长几岁，但我几乎是唯一一个老派人物。大众普遍希望看到年轻的新人，喜欢新的想法。老一代人恋栈不去，难免遭人诟病。因此，我当倾尽全力和在座的年轻一代保持一致，并和随时脱颖而出的年轻人步调合拍。我能做的就是利用我毕生所学，尽我所能地发挥余热和才智。

正是为了这个目的，我又回到了 1914 年—1915 年不得已而为之的生活，但我发现这种生活大大地提高了我处理日常工作的能力。下午我总会尽早上床小憩至少一个小时，庆幸的是，我几乎一上床就能立刻入睡。人不能总是从早上八点开始一直忙碌到深夜，中间也不稍作休息，其实哪怕是短短二十分钟的休息，也足以使人重新焕发活力。我对自己不得不在午后像个孩子一样稍作休息而深感内疚，但我得到了回报。休息过后我可以一直忙到第二天凌晨两三点，甚至更晚，然后早上八九点钟又开始新的一天。整个战争期间，我都在遵循这种生活规律，并时不时向他人推荐，如果需要长时间竭尽心力地做一件事情，不妨试试这种办法。第一海务大臣庞德海军上将一听我的方法，立刻去尝试并收为己用，不同之处在于他是坐在手扶椅上小憩，之后他甚至将这种午睡习惯带到了内阁会议上。不过，一旦有人提到"海军"二字，他便立刻清醒过来，精神饱满。什么事都瞒不过他那灵敏的耳朵和聪慧的头脑。

第五章

FIVE

海军部的任务

海军部的战略——潜艇袭击——商船管制——护航制度——海上封锁——重返海军部的第一次会议记录——南爱尔兰港口的重要性——主力舰队基地——预防措施欠妥——"捉迷藏"——视察斯卡帕湾——尤湾的回忆——"勇敢"号沉没——巡洋舰策略——硕果累累的九月——海军的大规模行动——波兰海军的锐气

　　希特勒大举进攻波兰，英法两国联合宣布向德国开战，之后便陷入了漫长而沉闷的停战期。张伯伦首相的传记作家曾公布过一封张伯伦的私人信件，信中张伯伦称之为"黎明之战"。他的这一描述既贴切又意味深长，所以我将其选为此书后文的标题。虽然法军完成了作战动员，但法国军队并未进攻德国，在和敌军的接触中，法国整个前线的部队都按兵不动。除空中侦察外，英国并未受到任何空中威胁，包括法国也并未遭受德国的任何空袭。法国政府要求我方暂时不要向德国发动空袭，以免招致德军报复，轰炸法国当时尚未设防的军火工厂。因此，在此期间我们只是向德国空投了一些小册子，试图唤醒德国人的道德觉悟。这一奇怪的战争阶段使世人颇感震惊，英法两国始终在陆地和空中按兵不动，但是德国已经动用全部武力，在数周内摧毁并征服了波兰。希特勒对此现状自然不会不满意。

　　另一方面，海战一开始便激烈交火，因此，海军部在整个战争中成了英国最为核心的部门。9月3日，我们所有的船只都在世界各地航行，执行常规任务，突然遭到了德国事先精心部署的潜艇袭击，英国西部入海口处的战况尤为激烈。当晚九时，驶往海外的客船"雅典娜"号遭到鱼雷袭击，该船重一万三千五百吨，船上一百一十二人命丧黄泉，其中包括美国公民二十八人。这一事件在短短数小时内传遍全球。德国政府为了避免与美国政府产生冲突，立即率先发出声明，污蔑是我方命人在"雅典娜"号上安装炸弹，以此离间德美两国关系。对我们抱有偏见的人竟然相信了这种谎言。9月5日和6日，"波斯尼亚"号、"王仗"号、"里奥·克拉罗"号等重要舰船接连在西班牙沿海被击沉，只有"里奥·克拉罗"号上的船员侥幸生还。

我给海军部发出的第一份节略，是讨论有关潜艇日后可能造成的威胁及其未来发展的规模。

> 致海军情报局局长：
>
> 　　请就德国近几个月内现有的以及将建成的潜艇力量向我做一份报告。请区分远洋潜艇和小型潜艇，并预估各类潜艇的续航时间和距离。
>
> 　　　　　　　　　　　　　　　　　　　　　1939 年 9 月 4 日

我立即得知敌军拥有六十艘潜艇，到 1940 年初便可增加至一百艘。9月5日我得到了更加详尽的答案并加以研究。敌军远距离作战的潜艇数量极多，这表明了敌方想尽快在远洋进行作战。

类型	吨位	1939 年 8 月在役潜艇的数量	预计在 1939 年 12 月服役的潜艇数量	预计在 1940 年初服役的潜艇数量	估计的续航能力	
					里程（海里）	日期（天）
沿海	250	30	32	32	4000	33（每小时 5 海里）
远洋	500	10	10	23	7200	30（每小时 10 海里）
远洋	517	9	15	17		
远洋	712	2	2	—	8400	35（每小时 10 海里）
远洋	740	8	13	16		
远洋	1060	—	2	11	10000	42（每小时 10 海里）

续表

类型	吨位	1939 年 8 月在役潜艇的数量	预计在 1939 年 12 月服役的潜艇数量	预计在 1940 年初服役的潜艇数量	估计的续航能力	
					里程（海里）	日期（天）
远洋	1028	1（为土耳其建造而未交货）	—		8000	33（每小时 10 海里）
总计	—	60	74	99	—	—

* * *

　　海军部为了增强我方反潜舰队的力量，已经制订了极其周密的计划。特别是我们已经准备要征用八十六艘体积最大、速度最快的拖网渔船，并配备潜艇探测器。拖网渔船的改装工作已经取得了进展。此外，海军部还仔细拟订了战时建造计划，包括建造大型和小型驱逐舰、巡洋舰和辅助舰等，这一切都已在宣战之后立刻得到执行。第一次世界大战已经证明护航是大有裨益的。海军部连日来一直在思考如何管制商船的动向，要求船长必须执行有关航线和参与护航的命令。但是，我们的护航舰力量很薄弱，所以在敌人采取无限制潜艇战之前，海军部要求我军在海上采取避让手段，并在一开始就规定，只允许护航队在英国东部海岸地区活动。但是"雅典娜"号被击沉之后，我们只能搁置这些计划，并在北大西洋安排了护航。

　　组织护航工作已经准备就绪。我们召集船主就防御事项问题进行了常规谈话，指导他们应当如何应对战争中出现的情况，同时我们还给船主们提供了特殊信号服务，配备了相关装备，以便让他们能在执行护航任务时各司其职。虽然船主们都不知道等待自己商船的命运是什么，但大家心志坚定。他们不满足于消极等待，要求配备武装。根据国际条例，商船使用武器自卫符合国际法，因此，武装所有远洋商船和训练水手成了当时海军部作战计划中不可或缺的一部分，同时海

军部也立即付诸行动。引诱潜艇在水下发动攻击，而不只是在水面上交火，这样不但可以为船只提供更大的躲避空间，还可以使敌军白白消耗珍贵的鱼雷。第一次世界大战中，我们有先见之明，保留了用于抵御潜艇袭击的炮弹，但是防空武器依旧匮乏。几个月后，商船才有了足够的防空自卫装备，因此在这几个月中，商船损失极为惨重。我们一开始就计划要在战争开始的头三个月，给一千艘商船都配备至少一种反潜艇武器。事实上，我们也达到了这一目标。

除了保护本国商船外，我们还需将德国商船驱逐出海，并停止与德国的一切进口贸易，对他们进行严格封锁。我们成立了战时经济部，制定出指导性政策，由海军部负责执行。和 1914 年一样，公海之上的德国商船几乎绝迹。德方船只大都躲在中立国的港口，如遇拦截则一律自行沉没。尽管如此，1939 年年底前，仍有十五艘共计七万五千吨的敌国船只遭盟军俘获，为我们所用。德国大型远洋邮轮"不来梅"号躲避在苏联的摩尔曼斯克港①内，它后来之所以能幸免于难并返回德国，仅仅是因为英国的"鲑鱼"号潜艇②完全遵循国际法惯例，对其手下留情。

* * *

9 月 4 日晚，我召开了执掌海军部以来的首次会议。由于会议要讨论的问题非常重要，我亲自写了会议总结，以供传阅。会议结束后，上床睡觉时已是深夜了。

　　1. 在战争的第一阶段，日本蠢蠢欲动，意大利保持中
　立，态度尚不明朗，主要袭击将会发生在大西洋通往英国的

---

　　① 摩尔曼斯克港，位于巴伦支海科拉湾的东岸，受北大西洋暖流的影响，是俄罗斯北方著名的终年不冻港。——译者注
　　② 这艘潜艇是由比克福德少校指挥。他因屡建奇功而晋级，但其后不久，便随该艇一同沉没，以身殉职。

海洋入口处。

2. 护航系统正在建立。虽名为护航系统，实则是反潜艇护航。本文将不讨论作战巡洋舰或重型船只的相关问题。

3. 第一海务大臣经过考虑，打算将所有能够征调的位于东部以及地中海区域的驱逐舰和护卫舰，派去守卫英国西部的入海口。如果可能，护航舰数量将增加到十二艘。在这些舰船使用一个月后，装有潜艇探测器的拖网渔船也将投入使用。拖网渔船将于 10 月交货，并准备发布声明。交货期间不要急着在船上安装大炮，可以考虑使用深水炸弹。等到情况有所缓解，可以重新考虑装载大炮的问题。

4. 贸易部部长应每天汇报英国所有驶回英伦三岛的商船的航向。为此，如果有必要可增设办公室并增派相关工作人员。准备一张大尺寸图纸，每天早上标注出离我国海岸线需两天（最好是三天）航程的所有船只。在我们能力范围之内，对每一艘船只的指导和管理必须设立规定，提前知晓，以确保每艘船都可以得到合理的安排。这项措施将在二十四小时内立即执行，请提出修正意见以便完善。同时还需与贸易部及其他重要部门保持联系，并做汇报。

5. 贸易部部长明天还需准备接待从大西洋（包括比斯开湾）驶来的商船船长或者船主，必须保证他们每一位都由一位有资质的海军人员负责接待，代表贸易部部长检查其航向以及航海日志。如有违背或不符合海军部规定的，海军人员应一一指出；如有严重的违反行为，应严惩不贷；最严重的将予以撤职处分，以儆效尤。海军部承担责任，船长或者船主必须执行。此计划的人事、规定细节以及适当的处罚条例也当一并制定。

6. 目前看来，将商船航线从地中海转至好望角似乎是明智之举，但这并不排除护航的商船船队。任何商船如果方便，都可加入护航队。但护航队只是偶尔出航（一个月或三周一

次），这些护航行为必须要视为海军行动，而不是贸易保护行动。

7. 基于上述原因，在战争最初的六周或两个月内，应当关闭红海，禁止一切船只通行，仅供海军行动或驶往埃及沿岸的航线使用。

8. 配备有潜艇探测器的拖网渔船交付后，这种令人不愉快的情形将会有所减少。但这还要看意大利的态度。虽然我们尚不清楚意大利的态度是否会在接下来的六周内明朗化，但还是应当加紧敦促政府尽快促成对我们有利的结果。同时，安排地中海的重型舰艇进行防守，这样，如果要前往意大利水域，便不再需要驱逐舰护航。

9. 如果德国的五艘（或七艘）重型舰艇中有任何一艘突然来袭，都将会给海军造成重大危机，这需要我们制订特别计划。海军部不可能为商船护航队在海上可能遇到的严重袭击保驾护航。一旦商船遭到袭击，只能由主力舰队去解决，组织必要的搜寻舰队攻击敌军，在危险解除之前，商船应当尽可能地远离事发海域。

海军大臣将以上内容告诉海军幕僚予以商榷，并加以批评指正，希望能收到根据以上原则提出的行动意见。

1939 年 9 月 5 日

我们立刻组织了开往海外的商船护航队。到 9 月 8 日，三条主要航道投入使用，分别是从利物浦到西海岸、从泰晤士河到西海岸以及从泰晤士河到福斯河①的海岸护卫。这些港口以及其他国内外负责护航的工作人员都包括在作战计划之内，且已在派遣之中。同时，所有从英吉利海峡以及爱尔兰海驶向海外且没有编入护航队的船只，必须

———————————

① 福斯河，英国苏格兰地区的主要河流之一。——译者注

驶向普利茅斯①和米尔福德②两个港口，取消所有独立外出的航海活动。组织海外回国护航队的具体措施正在加紧制订。第一批分别于9月14日从非洲西部的弗里敦港出发，于9月16日从加拿大东部新斯科舍省的哈利法克斯港出发。在9月底之前，常规海上护航队已经起航，船只从泰晤士河、利物浦出海，从哈利法克斯、直布罗陀和弗里敦返回国内。

由于禁止使用南爱尔兰各个港口，岛内的供给和增强我方作战能力的需求立刻受到了影响。我军驱逐舰的数量本就有限，这样一来更是削弱了其续航能力。

致第一海务大臣及其他人员：

各相关部门部长应当拟定一份特别报告，就所谓的爱尔兰自由邦中立问题做出说明，并由第一海务大臣以及海军参谋部提交至海军大臣处。各种考虑如下：

1. 情报局对爱尔兰各港口的爱尔兰不满分子持何种看法，他们是否会援助德方潜艇？既然他们能在伦敦投放炸弹③，那么向德国潜艇提供燃料也不无可能。我们应当时刻保持警惕。

2. 我们必须好好研究这个问题：在不使用贝雷黑文或其他南爱尔兰岛的反潜艇基地的情况下，如何增加驱逐舰航程？同时也要研究，如果拥有这些设施，我方会获得哪些益处。

海军部要知道我们也许不能得到令人满意的结果，因为爱尔兰的中立态度引发了前所未有的政治问题，海军大臣也不能确定该问题是否能够得到解决。但我们应当制订完备的

①　普利茅斯，位于英国英格兰西南部，曾是英国皇家海军的造船厂。——译者注
②　米尔福德，位于威尔士西南部，是英国最大的石油进口港和炼油基地。——译者注
③　爱尔兰独立党人为了将爱尔兰从英国统治下独立出来，曾在伦敦投掷炸弹。——译者注

计划，以备后患。

1939 年 9 月 5 日

＊　　＊　　＊

护航系统建立之后，紧接着的一项重要任务便是为舰队建立一个安全基地。9 月 5 日晚上十点，我们召开了长时间的会议，就此事进行了讨论。它使我回想起了许多往事。在对德战争中，苏格兰最北端的斯卡帕湾是战略要地，我方海军可在那里控制出入北海的船只，从而对其进行封锁。在第一次世界大战的最后两年里，人们发现大舰队具有绝对优势，可以一路向南驶到罗塞斯，那里有最好的造船厂可供舰队使用。由于斯卡帕湾与德国各空军基地距离较远，是绝佳位置，因此在海军部的作战计划里已经明确将其选定为海军基地。

1914 年秋，整个大舰队人心不安，谣言四起。有人说："德国潜艇一路尾随，跟着他们进入了港湾。"一开始，海军部上下没人相信德国潜艇能够穿过斯卡帕湾唯一一条水流湍急、地形复杂的航道。而且彭特兰湾①水急浪高，水流速度可达每小时八至十海里，在当时被视为一道强大的天然屏障。我们的大舰队约有一百艘船只，谣言使整个强大的队伍突然被笼罩在浓浓的怀疑情绪之中。有两三次，特别是 1914 年 10 月 17 日那次，警报传出说在停泊区内发现了一艘德国潜艇，于是我军用机枪进行扫射，驱逐舰清理水域，整支舰队在愤怒与匆忙中驶出港湾。最后证明海军部是对的，在那场战争中，没有一艘德国潜艇能穿过这条航道。只是 1918 年德国战败后，一些企图夺回尊严的德国海军军官，驾驶潜艇企图闯进海湾，但最终这孤注一掷的行动以失败告终。对于当时为了封锁所有出入口，抚慰官兵所做出的巨大努力，我至今记忆犹新，但那并非愉快的回忆。

---

① 彭特兰湾，位于英国大不列颠岛以北，沟通大西洋与北海。该水域波涛起伏，水流湍急，不利于航运。——译者注

1939 年，也就是现在，我们应当考虑到以下两种危险：首先是之前的潜艇潜入问题，其次是新出现的空袭问题。在会上，我惊讶地发现针对这两种危险，我们都没有采取进一步的预防措施以抵御现代化潜艇的袭击。在三大主要入口处安置的新式反潜艇水栅，其实只是一些铁丝网罢了。斯卡帕湾东边的入口处狭窄曲折，所谓的防御屏障只是第一次世界大战中遗留下来的几艘封港船的残骸，现在虽然增加了两三艘封港船，防御能力有所提升，但依然是一大隐患。鉴于现代化的潜艇在体积、速度、作战能力方面均有所提高，之前人们认为该地水流湍急，足以将敌方潜艇阻隔在航道入口之外，现在已不能让相关人士信服。在海军部任职的第二晚，我召开了会议，命令增设铁丝网以及入口处的封港船。

过去我们几乎从未注意过来自空中的威胁，除了保护霍伊岛①海军油库和驱逐舰的两门高射炮外，斯卡帕湾几乎没有任何防空设备。舰队驻扎此地时，尽管柯克沃尔附近有一处机场可供海军飞机使用，但其他设施完全无法让皇家空军迅速投入防御作战。海岸的雷达虽然可用，但是效果十分有限。虽然派遣两支皇家空军战斗机中队前往威克驻扎的计划获批通过，但该计划直到 1940 年才得以实施。我曾提议立即执行这项计划，但由于防空兵力不足、资源有限，而且容易遭到攻击的地区又太多（包括整个大伦敦），提议再多也是徒劳。再者，需要空中保护的巨型舰艇有五六艘，且这些舰艇又各自装备有防空武器。因此，在舰队停留斯卡帕湾期间，海军部只安排了两支海军战斗机中队进行保护，以确保战事顺利进行。

在短期内安排炮兵就绪至关重要。1914 年秋，我们曾被迫采取"捉迷藏"的策略，目前除了采取与当年同样的策略外，我们别无他法。苏格兰西海岸有许多被陆地包围的停泊处，只要装上反潜网，不间断地巡逻，便可轻松抵御德国潜艇的袭击。第一次世界大战，我们发现"捉迷藏"躲避策略不失为一个安全有效的措施。当时，即便是

---

① 霍伊岛，苏格兰东北部奥克尼群岛的第二大岛。——译者注

一架漫无目的的飞机好奇地窥探（也许是叛徒接济燃料），也会让我们心惊肉跳。现在侦察飞机的侦察范围已扩大到不列颠群岛，并可以随时将其拍摄下来，所以在潜艇或飞机等发动大规模袭击时，万无一失的隐蔽方法是没有的。然而，需要保护的舰艇数量有限，它们可以经常变换位置，因此，在没有想出切实可行的解决方法之前，也只能坦然承担这种危险。

* * *

我认为尽早前往斯卡帕湾是我的责任。自 1938 年 6 月查特菲尔德勋爵带我去波特兰岛参观了那里的反潜艇学校以后，我就再没见过总司令查理·福布斯爵士了。因此我决定请假，暂时缺席每日的内阁会议，于 9 月 14 日晚上带着几名随从人员前往威克。接下来的两天，我大部分时间都在检查港湾和入口处的水栅以及铁丝网的情况，发现它们和第一次世界大战时一样完好，且工作人员正准备对其进行改良并添置新装备。我与总司令及主要官员们在旗舰"纳尔逊"号上讨论了斯卡帕湾以及整个海事问题。舰队的其余舰艇躲避在尤湾，17 日，我与海军上将乘坐"纳尔逊"号前往该处。当我们从出口处驶入公海时，我惊讶地发现"纳尔逊"号竟然没有驱逐舰护送。我告诉海军上将："我认为，哪怕只是一艘战列舰，也至少要有两艘驱逐舰护送出海。"但上将回答道："当然，我们都希望那样，但我们的驱逐舰数量有限。而且周围有很多来回巡逻的船只，我们数小时便可抵达明奇海峡①。"

这一天和往常一样，天气晴朗。事情进行得非常顺利，晚上我们停靠在尤湾，那里聚集了四五艘英国舰队的大型船只。进入尤湾的通道本就狭窄，现在又用几道反潜网加以封锁。水面上，载有潜艇探测

---

① 明奇海峡，亦称"北明奇海峡"，通大西洋，是外赫布里底群岛与苏格兰之间的海峡，水深流急。——译者注

器以及深水炸弹的巡逻艇和哨船来回穿梭，络绎不绝。暮色苍茫中，
环绕四周的是苏格兰的紫色山峰，景色壮丽，美不胜收。我的思绪回
到了二十五年前的 9 月，那时我就是在尤湾会见了约翰·杰利科爵士
和他的舰长们，当时他们的战舰和巡洋舰排列成行，和我们现在一样，
前途未卜，任由命运摆布。当时的海军上将及舰长等大部分人现在不
是逝世就是退休。我参观各舰时，负责接待我的官员那时都还是年轻
的海军上尉，有的甚至只是准尉①。在第一次世界大战打响前，我曾
花了三年时间，结识了大部分高级官员，批准了对他们的任命，但如
今全都换成了新面孔。严明的纪律、风度仪表和日常礼仪均一如往昔，
只是士兵以及军官都是新一代人了。大部分舰船还是在我任职期间建
造的，没有一艘新船。这真是奇妙，仿佛瞬间我又回到了从前，我似
乎是唯一保持着很久以前所任之职的人。不，危险仍在继续！海浪之
下，险象环生，随着潜艇威力增强，局势也随之恶化。苍穹之上，危
险未减，敌军不但能发现我们的藏身之所，还会发动更大规模甚至是
毁灭性的空袭。

18 日早晨我又视察了两艘军舰，参观过程中，我对总司令产生了
强烈的信任感。我们先乘车从尤湾前往因弗内斯②，再搭乘已在那儿
等候的火车。途中，遇到一条小溪，在阳光的照耀下波光粼粼，我们
在溪边共进野餐。一时之间，往事纷至，不能自已。

哦，上帝啊！请让我们坐于此地，
讲述国王死去的悲惨故事吧！

没有人像我一样，曾两度经历同样可怕的事情；没有人像我一样，
体会过常人体会不到的危险，肩负着常人无法想象的重担；没有人像
我一样，当大型舰船遭遇了沉船的灾难，作为海军大臣，尊严扫地是

---

① 军阶分类属于军官类，有一级准尉、二级准尉。——译者注
② 因弗内斯，位于苏格兰北部，历史上一直被认为是苏格兰高地的首府。——译者
注

何等的屈辱，还遭人诘难。如果真的还要再经历一次，我是否还能再次忍受被撤职的痛苦？费舍尔、威尔逊、蒙巴顿、杰利科、贝蒂、帕肯汉姆和斯特迪等人[1]，他们都已不在人世了！

> 我自己，
> 孤身一人，
> 到了冷清的宴会厅，
> 灯光早已暗去，
> 花环也已枯死，
> 一切都已消逝，独留我一人在这儿寂寞徘徊。

难道我们又要再一次卷入这难以名状的巨大苦难之中？波兰民不聊生；法国往昔的战争热情已然消退；苏联不再是同盟，甚至不会保持中立，日后很有可能成为我们的威胁；意大利不是友邦；日本也不是盟国；美国会再次加入我方阵营吗？大英帝国尽管依然领土完整、团结一致，但是准备不足，无法应战。虽然制海权依然掌握在我们手中，但飞机这种新的杀伤性武器我方数量少得可怜，处于劣势。突然之间，一切前景似乎都黯然无光。

我们在因弗内斯上了火车，坐了整整一个下午和晚上才到达伦敦。第二天早上走出尤斯顿火车站，看到在站台等候的第一海务大臣时，颇感吃惊。海军上将庞德表情凝重，他告诉我们："情况不妙。'勇敢'号昨夜于布里斯托尔海峡[2]沉没。""勇敢"号是最老的航空母舰之一，但在当时是一艘非常重要的舰艇。我感谢他能亲自前来告诉我此事，对他说"在这样一场浩劫中，这样的事情时有发生。我见得多了"。之后便返回住所沐浴，准备迎接新一天的工作。

从战争开始到建立反潜艇辅助舰队的两三周内，我们决定大胆使

---

① 以上诸人均系英国著名的海军将领。——译者注
② 布里斯托尔海峡，亦译"布里斯托海峡"，处在英格兰西南部和威尔士南部之间。——译者注

用航空母舰，协助护送当时驶向我国港口的大量无武装、无组织、无护航的船只。此举颇具风险，但实为必须。我们安排了四艘驱逐舰为"勇敢"号航空母舰保驾护航。17 日傍晚，两艘驱逐舰前去追击一艘正在袭击商船的潜艇。薄暮之时，"勇敢"号为了让飞机可以在甲板上降落，转舵逆风而行，竟不巧与一艘潜艇相遇。虽然这种事情发生的概率只有百分之一，但"勇敢"号却未能幸免。当时航母上共有一千二百六十人，其中五百人遇难，随船一起遇难的还有舰长马凯格·琼斯。三天前，另一艘航空母舰也在类似的情况下遭到潜艇袭击，而这艘航母正是后来著名的英王陛下的军舰"皇家方舟"号。所幸鱼雷并未击中舰身，攻击航空母舰的潜艇也被"皇家方舟"号的护航驱逐舰击沉。

* * *

海事问题中最为棘手的是如何有效地对付海面上的袭击舰，它们肯定会和 1914 年一样在不久的将来出现。9 月 12 日，我发出了以下节略：

海军大臣致第一海务大臣：
巡洋舰规定

过去，我们试图利用巡洋舰来保护海上贸易免遭突袭。由于要监控的海洋面积十分浩瀚，当时的政策是"巡洋舰数量多多益善"。在寻找敌军袭击舰的过程中，哪怕是小型巡洋舰也有用武之地。拿德国"埃姆登"号来说，我们动用了二十多艘小型巡洋舰才将其截获。但从长远来看，我们必须要寻找新的搜寻方法。一个由四艘舰艇组成的巡洋舰分队只能搜寻八十英里的海面，而在航空母舰协助下，一艘巡洋舰的搜寻范围可达三百英里以上，如果将舰艇的移动航程计算在内，其搜寻范围可达四百英里。再者，我们必须明白未来建造的袭击舰将威力强大，如果只是一味地增加战斗力不足的小型巡洋舰，根本无法消灭强大的海上袭击舰。事实上，如果是一艘袭击舰对付一艘小型巡洋舰，那么小型巡洋舰艇能任敌摆布。即使是多艘小型巡洋舰将威力巨大的袭击舰团团围住，袭击舰也可通过攻击实力较弱的巡洋舰突出重围。

　　每支搜寻舰队都必须有搜寻、停获、毁灭敌舰的能力。为此，我们需要大量万吨级以上的巡洋舰，或者将我们万吨级以上的两艘巡洋舰合为一组。这些巡洋舰必须由载有约十二架到二十四架飞机的小型航空母舰护卫，并尽可能将其排水量减到最小。最理想的搜寻舰队应当包括一两艘威力强大的巡洋舰，外加一艘航空母舰、四艘远洋驱逐舰以及两三艘特制的快速油船。这样的阵容，在巡航过程中可以保护舰艇免受潜艇的袭击，搜索较大的海域，击沉单艘袭击舰。

1939 年 9 月 12 日

　　正如节略中提到的那样，组成的搜寻舰队内部各种力量需要分配得当、均衡，才能够监控大片海域，并摧毁任何搜寻海域范围内出现的敌方舰船。同时在资源允许的情况下将其加以推广。这件事情我会在后文中再次提及。后来这种理念在美国的特遣舰队制度中得到了进一步发展，对海战技术做出了重要贡献。

*　　*　　*

　　月末将近，我觉得我最好将发生的事情及其原因连贯完整地告诉下议院。

　　海军大臣致首相：
　　我是否最好就反潜艇战略以及整体的海军形势向议会做一次陈述？这个陈述会比您自己发言的内容更加详尽。我可以就此事做一个二十五到三十分钟的讲话，这将会有益处。几天前，我曾私下接见了六十名记者，不管怎样，他们听了我所提供的消息之后，十分放心。如果您觉得可行，就在发言时告诉大家我会在后面的讨论中做详细报告。由于预算会在周三提交给我，报告应当会在周四提出。

1939 年 9 月 24 日

　　张伯伦先生欣然同意。26 日，他在下议院的讲话中提到，在他的讲话结束后，我会立即就海战情况做出汇报。这是我重返政府后，除答复质询外第一次在议会发言。我报告了一则好消息。在战争伊始的七天内，我们的舰艇损失仅为 1917 年（即第一次世界大战中敌人潜艇袭击最猛烈的一年）4 月每周损失数量的一半。我们取得了多方面的进展，首先，实施了护航制度；其次，加紧武装所有商船；最后，向敌军潜艇发起反攻。在敌方潜艇的攻击下，第一周我方舰艇损失达到了六万五千吨，第二周损失为四万六千吨，第三周为二万一千吨，而在刚过去的六天里，我方的损失仅为九千吨。我汲取了过去沉痛经历带来的教训，在这次讲话中始终保持着谨慎保守的态度，避免做过于乐观的预测。我说："我们不能被这些沉重的数字挡住前进的步伐，战争中总是会出现一些让人不愉快的意外。但我敢保证，我们完全没有必要因为这些数字而感到沮丧或恐慌。"

　　1939 年 9 月因敌军行动造成的英国商船的损失数（括号内的数字是损失商船的数量）如下：

	潜艇（总吨位）	其他原因（总吨位）
第一个星期（9 月 3—9 日）	64595（11 艘）	
第二个星期（9 月 10—16 日）	53561（11 艘）	11437（2 艘）（水雷）
第三个星期（9 月 17—23 日）	12750（3 艘）	
第四个星期（9 月 24—30 日）	4646（1 艘）	5051（1 艘）（海上袭击舰）

续表

	潜艇（总吨位）	其他原因（总吨位）
总计	135552（26 艘）	16488（3 艘）
合计	152040（29 艘）	

此外，中立国和盟国的船只损失共计 15 艘，33527 吨。

　　同时（我继续讲道），我们遍布全球的贸易活动并未因此受到阻断或明显影响。大批军队运输船在舰队的护航下成功将将士们运到各自的目的地。敌国的船只以及贸易活动已经从海上销声匿迹。现在有超过两百万吨的德国舰艇躲藏在德国港口或者被扣押在各中立港湾。事实上，在战争开始的头两周，我们已经扣留、截获或收为我国所用的德国商船比我方损失的商船还要多六万七千吨。我再一次提醒大家不要得出过于乐观的结论。然而，我们今天下午获得的供给确实比没有宣战、没有潜艇加入作战之前要多。我可以负责任地告诉大家，按照当前的状况来看，要想逼得我们弹尽粮绝、被迫投降还需要很长一段时间。

　　德国潜艇的指挥官们一直尽力按照道义行事。大家有目共睹，他们曾经"善意"地提醒过我们，并帮助海员们返回港口。有一位德国舰长曾亲自发来电报，告诉我方他们刚刚击沉的英国船只方位，并敦促我方立即前往营救。电报的落款是"德国潜艇"。收到电报后，我犹豫不决，不知该如何回复。然而，这位德国舰长现在已经落入我方手中，并得到了妥善安置。

　　据保守估计，我们在战争开始的前两周内击沉了至少六艘到七艘敌军潜艇[1]，占宣战时敌人潜艇总数的十分之一，

---

[1]　我们现在知道，1939 年 9 月，只有两艘德国潜艇被击沉。

占活跃在海面上的敌方潜艇总数的四分之一，甚至是三分之一。但是英国对潜艇的攻势才刚刚开始。我方的搜索舰队日益壮大。到 10 月末，我方的搜索舰队实力有望达到开战时的三倍之多。

下议院欣然接受了我这段仅持续了二十五分钟的讲话。事实上，它还记录了德国潜艇第一次袭击我国商船的失败。我担心的是未来，但在当前资源允许的条件下，我们正在以最快的速度和最大的规模为1940 年做准备。

9 月底，对于第一次海战的结果，我们并无不满。我认为我已经成功接管了这个我了如指掌而且极其偏爱的部门。如今，我知道手头还有哪些事务有待处理，哪些问题即将产生，并对一切都胸有成竹。我去过了所有重要港口，会见了每一位总司令。议会创立海军部的特许书中规定海军大臣应当"代表国王以及议会，负责所有海军部事务"，我已经完全做好准备以身作则，亲力亲为地履行我的义务。

整个 9 月，海军的捷报频频传出，斩获颇丰。我们成功地完成了从和平向战争这一微妙而又冒险的重大转变。我们遍布全球的贸易突然受到了违背正式国际协定的无限制潜艇战的袭击①，必然会受到损失。但是现在护航系统已经步入正轨，每日驶离海湾的商船船尾都配有大炮（有时会调整成高仰角）和几名训练有素的炮手。在战争爆发之前，海军部就已经备好配有潜艇探测器的拖网渔船以及其他装有深水炸弹的小船，随船配有经过训练的水手每天执行任务。我们确定第一次德国潜艇对英国商船的袭击已被粉碎，其威胁已经得到了彻底控制。显然，德国将建造大量潜艇，其数目当以百计，而且毫无疑问，大量的潜艇正在建造之中，处于各种不同的完成阶段。我们认为在十二到十八个月内，主要的潜艇战必然打响。届时，希望我方率先建造

① 即德国潜艇可以事先不发出警告，而任意击沉任何开往英国水域的商船。——译者注

出来的大量新型舰艇以及反潜舰艇已准备就绪，与敌军展开殊死战斗。但美中不足的是，我方的高射炮，特别是三点七英寸口径高射炮以及博福斯式高射炮尤其短缺，这种情况只能在数月之后得到改善，但是我们已经在能力所及范围内采取了相应措施以保卫军用海港。与此同时，我们的舰队虽然能控制海洋，但也必须继续采取"捉迷藏"战术。

* * *

就更为广泛的海军行动来看，敌军还未决定对我方的地位发起挑战。地中海的交通暂时中断后，我们的船只很快又能穿过这个重要的"走廊"。同时，驶向法国的远征军船队也一路顺利。位于"北方某处"的英国本土舰队做好了随时截击敌军为数不多的几艘重型军舰的准备。至于对德封锁的策略，我们采取了与第一次世界大战类似的方式。我们在苏格兰与冰岛之间成立了一支北方巡逻队，用以监控这条要道。此前由于敌军的海上袭击，我方痛失了十四万吨物资。一个月后，作为反击，我们共截获了将近三十万吨运往德国的货物。在海外，我方有一艘巡洋舰正在追击德国舰艇，同时保护我方船只免遭袭击舰的袭击。此时，德国的航运完全中断。9月末，德国停靠在外国海港的舰艇共有三百二十五艘，将近七十五万吨。然而，落入我方手中的舰艇却寥寥无几。

我们的盟国也做出了相应的贡献。我们能拿下地中海，法国功不可没，它在我国领海以及比斯开湾协助我方进行反潜艇战役。法国还以大西洋中部的达喀尔为基地，建立了一支强大的海军，成了盟国反击海上袭击舰计划中的一个重要组成部分。

成立不久的波兰海军打了漂亮的一仗。战争初期，三艘新式驱逐舰及两艘潜艇"狼"号和"鹰"号逃离波兰，在波罗的海与德军交战后安全抵达英国。"鹰"号潜艇虎口逃生的经历可谓是一部传奇史诗：它在德军入侵波兰之时，从波兰北部的格丁尼亚港启航，最初在波罗

的海巡航，9 月 15 日驶入中立国爱沙尼亚的海港塔林，把病中的艇长安置在岸上。但迫于德国政府的施压，爱沙尼亚当局决定扣留"鹰"号，并安排了一名卫兵加以看管，还抢走了其航海图及大炮尾栓。但"鹰"号的指挥官并不气馁，在制服了看管的护卫后，把潜艇偷偷驶出了海港。在之后的几个星期里，"鹰"号潜艇不断受到海、空巡逻队的追击。最终在连航海图都没有的情况下，成功逃离了波罗的海，到达北海。之后又用其微弱的无线电波和英国电台取得了联系，告诉其大概位置。10 月 14 日，"鹰"号潜艇与一艘英国驱逐舰会合，并在驱逐舰的护送下到达安全地带。

＊　　　＊　　　＊

9 月，我收到了罗斯福总统的亲笔信，颇为欣喜。我只在第一次世界大战中与他有过一面之缘。那还是在伦敦格雷律师学院的晚宴上，那时他年轻力壮、风度翩翩，我被他的魅力深深折服。但当时我们只是简单地打了个招呼，并没有机会详谈。

> 罗斯福总统致丘吉尔先生：
>
> 　　正是因为你我在世界大战中同样身居要职，我才想写信告诉您，我非常开心看到您再次回到海军部。我认为您所面临的问题虽然因为时局不同而更加复杂，但本质上来看却大同小异。我想告诉您和张伯伦首相，如有事想告诉我，可随时直接与我联系。您可以把信装在您的外交邮袋或我的外交邮袋里一并寄给我。
>
> 　　我非常开心您能在战前完成《马尔巴罗传》一书的创作，这本书我非常喜欢。
>
> 1939 年 9 月 11 日

我立即给他回了信，信末署名为"海军人员"。自此之后，我与

罗斯福总统便开始了长期通信，这段经历令人难忘——我们每人手中都有对方近一千封信，直到五年多之后他与世长辞，我们才结束了书信往来。

第六章

SIX

波兰覆灭

德国的入侵计划——波兰部署不当——炮兵与坦克的劣势——波兰空军的覆灭——波兰军队奋勇反击——歼灭战——苏联出兵——华沙电台沉默——现代闪电战——我在 9 月 21 日的备忘录——我们当前面临的危险——我在 10 月 1 日的广播演说

　　此时，我们正围坐在内阁的会议桌旁，眼睁睁看着一个弱国在希特勒蓄谋已久的计划下，像被机器操控一般迅速惨遭毁灭。波兰遭到德国的三面袭击，最后失守。敌军的入侵兵力共计五十八个师，其中包括九个倾巢而出的装甲师。第三集团军（共八个师）从东普鲁士向南进攻波兰首都华沙及东北部城市比亚韦斯托克。第四集团军（共十二个师）奉命先从波兰北部波美拉尼亚出发，去消灭格但斯克（德语为"但泽"）走廊的波兰军队，然后沿着维斯瓦河一路向东南方向行军，进攻华沙。波森省（今波兰中部波兹南）地形凸起的边境之地，由德国后备部队防守，其右翼的南部驻扎着第八集团军（共七个师），第八集团军的任务是掩护主攻部队的左翼。主攻部队是第十集团军（共十七个师），奉命直攻华沙。再向南看，第十四集团军（共十四个师）身负两项任务，首先是拿下波兰南部城市克拉科夫西部的工业重地，其次如果前线一切顺利，就直接开往波兰东南部的伦贝格（今乌克兰的利沃夫城）。

　　德军计划首先突破边境的波兰军队的防线，再由两支部队展开钳形攻势进行包围和压制：第一支部队从北部和西南部进攻华沙；第二支部队由第三集团军和第十四集团军会师组成，前者从布列斯特—利

托夫斯克（今白俄罗斯西南部城市布列斯特）出发，后者刚攻占了伦贝格，两军联合组成作战范围更广的"钳形"攻势。这样，便切断了波兰军队从华沙钳形封锁中逃往罗马尼亚的退路。波兰上空盘旋着至少一千五百架德军新式飞机，对波兰进行狂轰滥炸。德军的首要任务是压制波兰的空中力量，其次是支援战场上的陆军，最后是破坏波兰的军事设施以及公路和铁路等所有的交通运输设施。此外，他们还要让战争的恐慌扩散至四面八方。

波兰军队无论是从数量上还是装备上，都无法与入侵的德军相提并论，而且波兰军队也没有做好部署。波兰将所有军事力量分散在本国的边境线上，没有核心预备队。面对德国的狼子野心，波兰反而用一种夜郎自大的态度对待德国的入侵。同时，波兰害怕动员军队反抗周围不断逼近的敌军会遭人诟病，因此不敢抓住时机进行动员。首次袭击发生在即，而波兰只有三十个师（即整个波兰军队的三分之二）准备好或即将准备就绪应付首次突袭。事态的发展瞬息万变，加上德国空军的强势阻挠，致使波兰其余的部队无法赶在前线阵地失守前进行支援，结果一同覆灭，卷入最后的浩劫中。波兰的三十个师陷入了数量比他们多一倍的敌军的包围圈内，后方又苦无支援。而且波兰不仅在军队数量上处于劣势，在大炮上也远远落后于德国，仅有一个装甲旅能和德国号称"装甲部队"的九个师作战。波兰的十二个骑兵旅勇敢地与蜂拥而至的德国坦克和装甲车展开了殊死搏斗，但他们手中的刀剑与长矛丝毫不能伤到对方的坦克和装甲车。波兰的九百架一线飞机遭到敌军突袭，其中大约有一半是新式机型，多数还没有起飞便遭到摧毁。

按照希特勒的计划，德军将于 9 月 1 日出动，空军率先袭击波兰机场上的波兰空军中队。两天不到，波兰的空军力量便被一举歼灭。一周之内，德军已长驱直入抵达波兰境内。波兰各地军队奋起反抗，但都徒劳无功。边境线上的所有波兰军队，除了波森驻军的两翼身陷包围外，其余全部被迫节节后退。罗兹位于波兰中部，驻扎在那里的

波兰部队被德国第十集团军的主力切成两半：一半向东撤退到拉多姆，另一半被迫向西北方向撤退。有了这个缺口，德军的两个装甲师便直扑华沙。在北部，德国第四集团军抵达并穿过维斯瓦河①后，转而沿河直扑华沙。波兰军队只有北部的部队能阻挠德国第三集团军的进攻，但很快这支部队的侧翼失守，被迫退回到纳雷夫河，只有那里提前设置好了一处相对牢固的防线。这就是闪电战第一周的结果。

　　第二周的显著特点是激烈的战斗，结果号称二百万兵力的波兰军队全军溃败，不再是有组织的武装力量了。在南方，德国第十四集团军继续向维斯瓦河右岸支流桑河推进。四个曾撤退到拉多姆的波兰师，在其北部遭到德军围歼。德国第十集团军的两个装甲师到达华沙郊外后，因为没有步兵随行，没能冲破华沙当地民众有组织的殊死抵抗。在华沙东北部，德国第三集团军从东部包围了波兰首都华沙，其左翼纵队到达了离前线只有一百英里的布列斯特—利托夫斯克。

　　波兰军队正是为了逃离德军在华沙所采取的钳形攻势才惨遭德军歼灭的。在波森的波兰军队，与在德国猛烈攻势下被迫从托伦以及罗兹撤退下来的几个师会合后，拥有了共十二个师的兵力。德国第十集团军在力量相对薄弱的第八集团军的掩护下，穿过了这支波兰军队的南翼，冲向华沙。尽管已经被敌人团团包围，但波森军队的指挥官库特雷兹巴将军还是决定向南进攻德军主力的侧翼。这次英勇的波兰反击战，又被称为"布楚拉战役"②。这次反击战攻势甚猛，不仅让德国第八集团军以及部分第十集团军停下了进攻华沙的脚步，甚至让第四集团军的一个兵团从北方赶来支援。虽然波森军队被强大的敌军攻击，又遭到敌军空袭而无力反击，但是依然光荣地坚持了十天之久。这支波兰军队最终于9月19日全军覆灭。

　　与此同时，德国的钳形包围圈的外围部队已经集结完毕。9月12

---

①　维斯瓦河，又译"维斯杜拉河"，是波兰最长的河流。——译者注
②　布楚拉战役，波兰战役中规模最大的单一战斗，因发生于华沙以西的布楚拉河附近而命名。——译者注

日，第十四集团军抵达伦贝格郊外，一路向北进军，与越过布列斯特—利托夫斯克的第三集团军于 17 日会合。现在德军已形成包围之势，任何被打散的小股军队和敢于突破包围圈的个人都无法突出重围。20日，德国宣布维斯瓦河战役是"有史以来最大的歼灭战之一"。

现在该轮到苏联了，他们的"民主"行动即将开始。9 月 17 日，苏军蜂拥而至，穿过了几乎无人把守的波兰东部边境，在广阔的边境上以排山倒海之势一路向西，碾压前进。18 日，苏军攻下维尔纳（今为立陶宛首都维尔纽斯），在布列斯特—利托夫斯克与德军会合。华沙的殊死抵抗主要来自当地民众慷慨激昂的爱国热情，这种爱国热情是何等的伟大而悲壮！经过多天来自空中以及重型火炮的狂轰滥炸（多数重型火炮是通过东西走向的公路从战事平静的西线迅速调集而来的），华沙电台停止播放波兰国歌，希特勒终于进入了这片废墟之城。莫德林是维斯瓦河下游二十英里处的一个要塞，索恩部队的残兵曾在这里停留过，他们直到 28 日还在奋勇杀敌。至此，一个月内一切都宣告结束。一个三千五百万人口的国家落入了无情的掌控之中，而德国不仅要掌控波兰，还要奴役它，甚至要将其广大民众赶尽杀绝。

我们目睹了一次典型的现代闪电战；目睹了陆军与空军在战场上的默契配合；目睹了所有交通线路以及一切可以成为目标的城镇遭到的暴力轰炸；目睹了第五纵队的非凡身手；还目睹了间谍和伞兵的灵活使用。最重要的是，我们目睹了大批装甲部队势不可挡地冲锋陷阵。然而，波兰不会是最后一个遭此劫难的民族。

*　　*　　*

在 9 月 25 日写给战时内阁的信中，我用了一种冷静的口吻：

> 尽管苏联应该受到严厉谴责，但伏罗希洛夫元帅曾指出，如果苏联与波兰结盟，苏军必定要占领维尔纳和伦贝格，这

是完全合理的军事要求，而这一合理要求却被波兰断然拒绝，拒绝的理由并无不妥，但现在看来并不十分充分。结果，苏联从不可靠和遭人猜忌的朋友变成了波兰的敌人，划分的界线和占领的土地都是之前作为盟友可能占领的地方。事实上差别并没有看起来那么大。苏联动员了大量兵力，展示出了他们可以从战前的阵地迅速向远方推进。苏军现在与德军在边界对峙，德国不可能放任东部战线不管。他们定会留下一支大军防范苏军。据我所知，甘末林将军预计这支德国大军至少有二十个师，很可能是二十五个师，甚至更多。因此，东部战线其实已经存在了。

但是一个合乎苏联、英国和法国共同利益的东南战线也会建立起来。这只"北极熊"的左掌已经封锁了从波兰到罗马尼亚的通道，苏联与巴尔干国家的斯拉夫民族的关系由来已久。德国进抵黑海势必给苏联和土耳其带来致命的威胁。因此，这两个国家必须联合起来阻止这种情况的发生，此举合乎我们的心愿，与我们对土耳其的政策也没有任何冲突。德国可能会强占罗马尼亚的比萨拉比亚，但这不一定会和我们的主要利益产生冲突，因为我们的目的是阻止德国向东南欧发展。得益于协约国的胜利，罗马尼亚才在第一次世界大战中避免了惨败的命运并收获颇丰。为了巴尔干半岛的和平，罗马尼亚势必在战后将多布鲁加让给保加利亚。倘若在这次战役结束后，罗马尼亚只损失了比萨拉比亚和多布鲁加南部地区，那也算是幸运了。就目前形势来看，苏联的活动对整个巴尔干半岛（尤其是南斯拉夫）是有利的。因此，将来不仅可能会建立东部战线，还可能会有一条从里加湾到亚得里亚海滨（或许会从那里一直越过勃伦纳直至阿尔卑斯山脉）的新月形的东南战线。

当然，我们很希望看到这些国家一起攻打我们共同的敌

人——纳粹德国。随着时间的推移，这也不是不可能的。倘若德国经由匈牙利去攻打罗马尼亚，或退一步来说，德国攻打南斯拉夫，那么上面所说的情况的确是有可能发生的。我们现在采取的政策即推进建立这一战线、加强这一战线并在这条战线的任何一部分受到攻击时可以举全线之力予以回击绝对是正确的。正如外交大臣预见的那样，这种政策意味着我们要重新审视和苏联的关系。同时这也意味着我们要坚定推行首相提出的政策，即绝不卷入任何特殊的领土争端并集英、法两国的全部力量粉碎纳粹主义，以确保在未来很长的一段时间内，德国恐怖不会再一次降临到西欧各民主国家身上。最后一点对法国十分有吸引力，关于这一点，首相是这么说的："我们的总目标是将欧洲从因为德国侵略导致的永久的、不断反复的梦魇中解救出来，并让欧洲各民族保有自由、独立的权利。"应对这一点加以广泛而频繁的宣传。

基于这一总体目标，和土耳其谈判就变得容易许多了。况且我不觉得这件事像当初希特勒宣称要动用二十八个师入侵罗马尼亚等问题那样紧迫。此刻，希特勒由于受到警告不敢插手东方事务，但他随时有可能卷土重来，我们现在的主要任务就是将巴尔干半岛和东方战线上的国家团结起来，以对抗德国。因此，眼下最重要的事情就是与土耳其缔结条约。

倘若希特勒在东线受阻（这一点尚未明确），他将面临三种选择：

（1）大举进攻西线，期间可能会取道比利时，并在途中顺势攻占荷兰。

（2）向英国工厂、海军港口等地或法国飞机工厂发动密集空袭。

（3）首相所说的那种"和平攻势"。

就我个人来看，只有当德国在比利时和卢森堡对面集中了至少三十个师，（1）才可能发生。希特勒很有可能会选（2），但他又可能不会，因为他的将军们（此时比他的权力更大）不允许他这么做，空袭将不可避免地造成大屠杀，他们害怕这会让他们与英国结下血海深仇，还有可能将美国也卷入战争。至于（3），如果希特勒没有采取（2）中所述措施，那么我们的责任和政策应该是：不提供任何可以帮助他摆脱困境的东西，让他在即将到来的冬季自食恶果；同时，我们要快速武装自己，并组建我们的同盟。因此，照目前来看，前景相对于1914 年秋天要好得多。当时，法国大部分地区都已被占领，而且俄国在坦能堡又是一败涂地。但第（2）点的威胁一直未被排除，这是眼下面临的主要威胁。

在10 月1 日的广播讲话中，我告诉大家：

波兰再次遭到了两个大国的入侵，这两个国家曾经伙同其他大国一起，奴役波兰长达一百五十年之久，但却磨灭不了波兰人民的民族精神。华沙的英勇反抗表现出波兰的民族之魂坚不可摧，就像坚硬的岩石一样顽强，虽然会被风浪暂时淹没，但浪潮终究会退散，岩石终究会露出。

苏联实施了一项冷酷的利己政策。我们本希望苏联不是以侵略者的身份，而是作为波兰的朋友与盟国，驻扎在他们现在占领的阵地上。但现在苏军驻扎在该地，显然是为了保护本国安全不受纳粹威胁。无论如何，这里已经建立了一道防线，是一道德国不敢贸然进攻的东部战线。

我无法向你们预测苏联的行动，它是一个神秘的恩尼格玛①谜中谜，但也许有一个解谜的密钥，这把钥匙就是苏联

---

① 恩尼格玛是一种用于加密与解密文件的密码机，又译为"哑谜机"。二战时纳粹德国改造使用这种密码机来保证通讯安全，直到1941 年英国海军缴获德国的密码机才破译成功。——译者注

的国家利益。因为德国想要在黑海沿岸彰显实力,想踩躏巴尔干半岛或奴役欧洲东南部的斯拉夫人民的这些计划都将与苏联的利益背道而驰。

首相完全赞同我的看法,他在写给他姐姐的一封信中提到:"我们刚才听了温斯顿·丘吉尔的广播演讲,非常棒,我与他见解一致。我认为苏联的所作所为都是以自身利益为出发点,我相信苏联绝不会认为德国的胜利和德国一统欧洲会对其有利。"

第七章

SEVEN

战时内阁的问题

　　战时内阁每天的例会——我们的重炮——"凯瑟琳"计划——强行打通进入波罗的海的航道的计划（附录）——实施计划的技术和战术层面——第一海务大臣的意见——科克勋爵的任命——计划的进展——空军的否决——新的造舰计划——长期与短期的政策——"皇家"级军舰的浪费

　　9月4日，战时内阁阁员、海陆空三军参谋长以及若干秘书聚首举行了首次会议。在此之后，我们每天都要开会，有时甚至是一天两次。在我的记忆里，当时的天气比任何时候都要热（我里面只穿了一件亚麻衬衫，外搭了一件自己做的黑色羊驼毛外套）。这样的天气正是希特勒入侵波兰所需要的。波兰人的防御计划中指望发挥作用的那几条大河，在这种天气里完全都可以涉水而过，况且地面干燥结实，各种坦克车辆均可驶过。帝国总参谋长艾恩赛德将军每天清晨都会站在地图前面发表长篇报告并给出评价。不久，我们便意识到，德军会立刻粉碎波兰的抵抗。我每天都会向内阁汇报海军部的情况，通常汇报的是遭德国潜艇击沉的英国商船名单。英国远征军的四个师开始向法国进发，非常遗憾的是空军部不能空袭德国的军事目标。至于其他，我们所处理的大部分事务均为国内后方工作。同时，我们还就外交事务（特别是苏联和意大利的相关态度及其针对巴尔干半岛实行的政策）进行了长时间的磋商。

　　头等大事是"地面部队委员会"的成立，其负责人是当时的掌玺大臣塞缪尔·霍尔爵士。该委员会的成立旨在就军队的规模与组织问题向战时内阁提出建议。这个小型组织的开会地点设在内政部，而我

身为其中一员，在某个闷热的午后听取了各位将军的意见并与大家达成共识后，同意立即着手成立一支五十五个师的军队，同时建立各类兵工厂以及其他民用工厂，为支援其作战提供各类所需物资。我们希望到第十八个月能完成计划数量的三分之二（已是一支相当庞大的队伍），可以将其派遣至法国或者令其前往战场作战。塞缪尔·霍尔爵士高瞻远瞩，对所有事务都非常热心，我给予了他绝对的支持。但另一方面，空军部担心建立这样一支大军并支持其供应会过多地占用我方的技术人员和人力资源，进而影响他们的长远计划，即在未来两三年内建立一支势不可挡的王牌空军。金斯利·伍德爵士的言论给首相留下了颇为深刻的印象，首相对是否应当同意建立一支如此庞大的部队及其相关的种种计划犹豫不决。战时内阁成员对此事也是众说纷纭，过了一个多星期才做出决定，采纳"地面部队委员会"的意见，建立一支五十五个师的军队。与其说这是采纳意见，倒不如说是在接受挑战。

身为战时内阁成员，我势必会以大局为重，而且我所负责的部门需求将始终服从于主要计划。我非常希望能与首相达成广泛共识，也希望能把我此前在这方面积累的切身经验为他所用，首相的平易近人鼓励着我写了大量的信件告诉他发生的各种事情。比起在内阁会议中当面与他发生争执，我更喜欢用书信的方式给他进言献策。但是我和首相几乎在所有问题上都不谋而合。虽然一开始我深感他对我怀有戒备之心，但令我欣慰的是，随着时间的推移，他对我越来越信任，越来越友好。他的传记作者曾证明过这一点。我也时常写信给战时内阁的其他成员以及与我在部门事务或其他工作上有往来的大臣。战时内阁很少单独开会，常常会有秘书或军事专家与会。战时内阁是一个认真高效的机构，阁员们可以为了共同的目标同舟共济，也可以就某个问题各抒己见，既不拘于形式，也不用记录备案，这样确实大有裨益。此类会议能很好地配合正式会议。正式会议中的事务处理和决议记录，也可以指导日后的行动。在处理极为棘手的事务时，这两类议程缺一不可。

第一次世界大战时，我曾任军需大臣一职，期间铸造了大量的重型大炮，我非常想知道它们的下落。铸造此类大炮需耗时一年半，对一支部队来说，如果武装了大量此类大炮，无论是用于进攻还是防守，都极具价值。我记得1915年劳合·乔治爵士与陆军部发生过争执，当时因乔治爵士想要建立一支优秀的超级重型炮兵部队而引发了一场政治骚动，但事后证明乔治爵士的建议非常正确。陆地战争的特点终于在1940年（即八个月后）表露无遗，它与1914年到1918年之间的陆地战争大相径庭。日后可以看到，这些重型大炮满足了英国本土防卫的重要需求。此刻，我想起了这笔尘封已久的宝藏，如果我们遗忘了这笔财富，即战争中建造的大炮，那真是愚蠢之至。

我就此事及其他事务致信首相：

海军大臣致首相：

我想私下向您提出几点意见，希望您不要介意。

1. 我坚持认为，除非是帮助法国军队在临近区域内作战（我们必须向法国施以援手），否则我们就不应首先发起轰炸行动。为我方利益着想，战争中我们应当采取更为人道的战争策略。尽管增加战争手段的严酷性和暴力程度在所难免，但是我们绝对不能比德国人先动手，而是要在它行动之后再出手。每多过一天，伦敦以及其他大城市的人民就可以多找到一些庇护之所。再多两个星期左右，我们就能建成更多更安全的避难所。

2. 您应该也听说了，有人批评我们的小型远征军，说他们缺少坦克和训练有素的迫击炮分遣队，尤其缺少重型炮兵。如果我们确实缺乏重型炮兵，那么以上的批评便无可厚非。记得1919年停战后，我时任陆军大臣一职，曾下令囤积了大量重型榴弹炮，涂上油，妥善存储。我还记得1918年，陆军部应总司令部的要求，建造了两门口径为十二英寸的豪斯大炮来支援军队在1919年进攻德国。这些武器并未投入使用，

但在当时是最先进的武器。我们断不可贸然丢失这些武器。我认为以下两点最为迫切：首先，清点我们现有的武器；其次，对其加以修复，并铸造新式武器。说到重型武器，我在海军部或许也能帮上忙，因为只要是重型武器，海军部都能轻松胜任。

3. 您可能想知道我是基于什么样的考虑改动了海军的新舰船建造计划。我建议除了最早的三四艘新型战舰外，暂停所有的舰船建造工作。我们现在不用担心那些不能在1942年之前参加作战的战舰。六个月之后再对此项决议进行复议。正因如此，我才有余力帮助陆军。但另一方面，我必须竭尽全力促进一支小型反潜舰队的建造工作。对于这种舰艇，数量是关键。鉴于我们在1940年夏可能要面对两三百艘潜艇的袭击，因此虽然预计1940年我方将有大量舰艇完工，但依旧是杯水车薪。

4. 至于陆军的供给问题及其与空军的关系，请允许我就我的经历和见闻与您分享，聊做参考，这种经历与见闻并不是从学校习得的。军需大臣制订的建立五十五个师的计划不会对空军部和海军部造成不利影响，原因如下：首先，选址和建厂等前期准备工作并不需要技术人员花费数月之功，而确实需要花费时间的工作有：挖地基、铺混凝土、砌墙、抹泥浆和修排水沟等，可是这些工作普通建筑工人便可完成；其次，即使因为其他原因，无法顺利在二十四个月内建立五十五个师，您也可以在不裁军的条件下，将计划延长至三十六个月或更长时间。但是，如果军需大臣一开始制订的计划不够全面，日后不得不在原有的基础上扩建工厂，计划必然会有所耽搁，这是我们都不愿意看到的。请允许他制订大规模的计划，同时更改时间来保障空军部和陆军部的需求。工厂竣工之后，必要时才会投入使用，但如果没有建厂，那么在未来需要采取进一步行动时，我们将无计可施。只有在这些大型工厂开工之后，您才能坐享硕果。

5. 直到现在（中午），我还没有收到关于其他舰艇被潜艇击沉的消息，这也就意味着我们已经连续三十六个小时没有舰艇损失。说不定德国潜艇都去度假了。但是我还在等待着对方的袭击。无论如何，我相信一切都会好起来的。

1939 年 9 月 10 日

同样，我也致信伯金博士：

海军大臣致军需大臣：

1919 年我在陆军部任职时，曾下达过详细的命令，指导部下储存大量重型大炮，涂上油并妥善看管。眼下似乎已经找到了这些重型大炮。我认为您当下要做的第一件事便是掌握这批武器，抓紧时间修理，并铸造重型炮弹。说到重型炮弹，海军部也许能助您一臂之力。如需帮助，告诉即可。

海军大臣
1939 年 9 月 10 日

他的回信令我十分满意：

军需大臣致海军大臣：

自 1938 年 9 月危机爆发以来，陆军部一直非常关注您提到的有关打算使用超级重型大炮一事。事实上，去年 9 月就已经开始修理九点二英寸和十二英寸口径榴弹炮的炮身及炮座。

这些武器自 1919 年以来都得到了极为妥善的保管。因此，现在看来总体情况良好，只是某些元件已经报废，需要换新的，这项工作已在今年稳步开展。可以确定的是，我们将在本月完成一部分大炮的修理工作，当然我也会优先处理

这项工作。

　　收到您的来信，我十分欣喜。很多工作均已按照您的要求完成，对此，您一定会甚感欣慰。

军需大臣

1939 年 9 月 11 日

*　　*　　*

海军大臣致首相：

　　大家都认为应当成立一个海运部。今天我们与船主们一起开会时，船舶商会会长也强烈要求成立这一部门。贸易大臣请我与他联名提出此项请求，这样一来，他的职责自然会有所减轻。我相信议会中也会有同样的请求。我认为此举益处颇多。主要作用包含以下三点：

　　1. 可以保证海洋运输能够按照内阁制定的战时政策与时局需要，最大程度地发挥成效，节约资源。

　　2. 预计在 1940 年夏，我们或许会因受到潜艇袭击而损失大量舰艇。所以，作为必要的防护措施，我们要支持大规模的造船项目。其中当然包括研究如何建造钢筋混凝土船，以此来缓解钢铁匮乏时期对钢铁的需求。

　　3. 成立海运部可以照料、抚慰和鼓励船员，如此一来，当他们在受到鱼雷攻击而获救之后还能继续出海工作。在此类战争中，商船船员发挥的作用极其重要，他们是潜在的重要影响因素。

　　贸易董事会主席已经告诉您，需要两三周时间才能分解总公司的分属部门以组建海运部。在我看来，同意这种转型实属明智之举。海运部部长得到委任之后，会为自己网罗必要的幕僚，逐步接管贸易董事会的相关分属部门。还有一点也至关重要，政府应当赶在来自议会以及海运方面的压力以

及人们对现行体制嗤之以鼻之前，建立海运部。

海军大臣

1939 年 9 月 11 日

*   *   *

经过一个月的讨论，海运部终于在 10 月 13 日顺利成立了。张伯伦首相任命约翰·吉尔莫爵士为首任部长。有人批评这一决定有失偏颇。吉尔莫爵士来自苏格兰，非常和蔼可亲，是一位知名议员。他曾在鲍德温先生和张伯伦先生执政时期出任阁员。但吉尔莫爵士的身体每况愈下，上任几个月后便与世长辞，部长一职后由罗纳德·克罗斯先生接任。

海军大臣致首相：

我因事外出，周一返回，我想把对当下时局的一些看法写信告诉您。

我认为德国不大可能在深秋试图向西线进攻。我可以肯定德国的计划明显是想继续向波兰、匈牙利、罗马尼亚推进，直至黑海。也有可能德国与苏联达成了某种和解，因此苏联可以占领波兰部分领土，并收复比萨拉比亚。

希特勒与其东方邻居交好实属明智之举，这样一来，德国便可在冬季的这几个月里获得稳定的补给，从而让他的民众看到节节胜利的表象，并让德国民众深信德军已经削弱了我方封锁的威力。因此，我认为希特勒在没有如探囊取物般大肆搜刮完东线战利品之前，是不会进攻西线的。尽管如此，我依旧坚定地认为我们应当在西线未雨绸缪，做好准备，进行自卫。我们要竭尽全力促成比利时与英法军队联合，采取必要的预防措施。同时，在比利时后方的法国边境上，我们应当动用一切可以利用的资源，夜以继日地建造防御工事。

特别注意要准备可以抵御坦克袭击的障碍物，如竖起铁轨、挖掘壕沟和放置混凝土桩，在某些区域布设大量地雷，在敌人进犯之时可随时引爆。这些防御措施应当相互结合，形成一道又一道的纵深防御体系。德国的三四个装甲师在波兰战场上所向披靡，只有英勇无畏的部队协同威力巨大的炮兵组成一道钢铁防线，才能阻止德军的攻势。没有防御工程，就无法有效地阻挡装甲部队的进攻。

得知 1919 年我在战时命人铸造的大炮保存良好，全部可以投入使用，我欣喜万分。这些武器包括各类榴弹炮，其中有三十二门十二英寸口径、一百四十五门九英寸口径、大量八英寸口径和近两百门六英寸口径的榴弹炮，此外还有大量军火。事实上，这批重型大炮不但可以装备小型远征军，还可以供一支数量庞大的军队使用。我们应当立即将其中一部分武器运往前线，这样一来，至少我们的军队不再缺乏重型大炮了。

我希望您可以认真考虑我在信中提及的事情。我之所以这样做，是想助您一臂之力，同时也因为这是我分内之事。

1939 年 9 月 15 日

首相于 16 日给我回信说：

你的所有来信，我均细读深思过。之所以没有回信是因为我们每天都会见面，而且据我所知，你我二人的想法是十分契合的。在我看来，从波兰一战中得到的教训是要重视空军的作用，只有当空军完全掌握了制空权，才能使敌军的地面作战行动陷于瘫痪。因此对我而言，虽然应当等陆军委员会递交报告之后再做出决定，但我认为我们应当优先实行空军力量扩充计划，陆军方面则要视空军扩充后所剩余的资源再来决定。

海军大臣致首相：

　　我完全同意您的观点，空军是我们的重中之重，事实上，我有时甚至觉得空军是我们获胜的根本途径。目前，我正在细读空军部的报告，报告中提出了大量语义含糊的诉求，而且这些诉求在当下完全没有实现的必要，如果予以优先考虑，这将会影响到其他不可或缺的作战准备。我正准备在这份报告上填写批注，批注里只打算引用一个让我震惊的数字。

　　如果航空业现有三十六万名工人，每月飞机的生产量是近一千架，那么如果每月飞机生产量要达到两千架，则需要一百零五万名工人。这个数字似乎过于夸张了。人们通常认为"产量提高将大大减少人力消耗"。但我认为德国绝不可能在每个月找到一百万人制造两千架飞机。虽然从整体来看，我们应当接受月产两千架飞机的目标，但我目前并不相信为了达到这个生产目标，就要像报告中所说的需要那么多人。

　　我之所以极力主张建立一支规模达五十个或五十五个师的军队，其原因在于我怀疑法国人不会与我们分工合作，即法国同意我方负责海空作战，而他们负责伤亡最为惨重的陆地作战。这种分工合作对于我们自然是有百利而无一害，但是如果在法国不与我们合作的情况下，我不赞同单独行动的作战计划。

　　给予任何一个部门绝对优先权都会造成极大的危险。在第一次世界大战中，尤其在大战的最后一年，海军部明明实力强大，还有美国海军的帮助，却依然大肆滥用了他们的优先权，真是专横又自私。如今为了全局利益，我每天都要抑制这种滥用优先权的倾向。

　　我在给您的第一封信中提到过，由于飞机制造业所需要的工种完全不同，所以建造大炮、枪支、弹药工厂的规划以及供应炸药、钢铁不会和建造飞机直接竞争，只需巧妙配合即可。但另一方面，对机动车的供应则会产生直接竞争，必须慎重加以权衡。最好是建立多个大型军火工厂，在资源允许和战争特殊需要的前提下，尽快投入使用。根据时局变化，您可以调整时间。但是如果现在还不开始修建工厂，将来就会没有退路。

我认为最好告诉法国人，我方有意建立一支五十个或五十五个师的部队。但要想实现这个目标，我们将耗时二十四个或者三十个甚至四十个月之久，因此应在计划完成时间上保持弹性。

第一次世界大战接近尾声之时，我军在所有战场上约有九十个师的兵力，每月可生产飞机两千架，同时我们保留下来的海军规模也远远大于作战需求，大大超过了我们目前计划的海军规模。因此，虽然打造现代化军队以及制造现代化飞机代表更先进的工业技术，但我并不认为它与成立五十个师的军队以及月产两千架飞机的计划有什么矛盾冲突。为什么一切都变得那么复杂呢？

1939 年 9 月 18 日

海军大臣致首相：

不知您是否可以考虑，在没有秘书或军事专家列席的情况下，允许战时内阁的各位部长闭门开会，让他们各抒己见。我觉得正式会议上有时不能高效地商议要事，无法令人满意。我们被选为部长，各司其职，指挥作战。我认为如果我们作为一个整体经常会面，这符合公众的利益。很多参谋长负责了许多他们本职之外的事务。他们也提供了很多发人深省的宝贵报告，使我们受益良多。但我冒昧向您提出的意见是，我们有时应当单独讨论整体局势。我觉得在很多事情上我们还没有认清本质。

我从未与任何同僚谈及此事，也不知道他们态度如何。向您进言，是我的职责所在。

1939 年 9 月 21 日

*　　*　　*

9 月 24 日，我致信财政大臣：

我曾在财政部工作过，也曾历经酸甜苦辣，所以对您和您的困境也颇有同感。我认为可以以广大的富人群体为基础，制定严格的政府预算。同时，我认为您还需发动一场声势浩大的反浪费运动，以配合该预算计划。我们目前投入大而收效小，我认为金钱的价值从未像现在一样轻若鸿毛。1918年，虽然为了防止浪费，我们曾强制执行了一系列令人不悦的规定，但是这些终究对我们的胜利都有所帮助。您可以在周三的讲话中对此加以强调，尽量告诉大家什么事不应该做。但这绝不是说要杜绝消费，因为不生产新东西，我们就得节约，即使是奢侈品。以文具为例，应立即在各个部门加以限制。信封可以自己用纸糊，要多次循环利用。尽管信封事小，但能提醒目前数百万名官员要谨行俭用。

1918 年，我曾反复叮嘱前线的人们积极参与"节约运动"，国民也开始以节约为荣，将其视作战争的一部分。为什么不从一开始就向所有地区的英国远征军宣传这种节约思想呢？

我正试图删除海军部一些庞大的海军改革计划，凡是在 1941 年后甚至在 1940 年底才能开始进行的计划，我都一笔删除。要注意，不要让那些防御工事和其他部门的人借长期发展计划来消耗我们的力量，因为这些长期计划经常要等到我们的命运尘埃落定后才能成熟。

我注意到即使在实行了严苛的财务开支削减政策后，各部门仍然存在着严重的浪费现象。为您考虑，我建议您最好协同您的幕僚，站在批评者的角度来看待这些浪费问题，此事刻不容缓。当下危机四伏，最好不要干预各部门的行动，让他们各司其职；但是一旦发现浪费行为，要立即采取行动加以批评。

希望您不要介意我就此事给您写信。我重视节约财力的程度犹如我重视与敌作战所做的努力一样，因为它确实也是战争中不可或缺的组成部分。所有这些事务，我都愿意帮您解忧。作为海军部的负责人，海军部同样也有财政开销，如需审查，我一定配合。

*　　*　　*

在所有皇家海军宣布获得制海权的战争中，海军无疑都付出了代价，即把自己庞大的舰船作为靶子暴露给了敌人。德国的私掠船①、实施海上袭击的巡洋舰，尤其是 U 型潜艇，各自采取着不同的作战方式，已经严重威胁到我们进行贸易与食物供给的生命航道。因此，我们经常不得不把防御作为首要任务。如果被迫采取海上防御战略的思想成为习惯，就会导致危险。现代战争的发展大大加快了这种倾向。两次世界大战中，我都负责海军部的工作。在此期间，我一直在想方设法寻求各种反攻策略，以破除对防御的一味迷信。如果让敌军无法预料到他们下一个遭袭的地点，就能大大地减轻引导数以百计的护航船和数以千计的商船安全返回港口的压力。在第一次世界大战中，我一开始希望可以通过进攻达达尼尔海峡获得主动权，后来又寄希望于进攻德国西北部的博尔库姆岛以及弗里西亚群岛重获主动权，迫使海军实力较弱的德国无暇攻击我方，从而转向解决自身问题。1939 年，我奉命重返海军部，在解决了亟待处理的问题和危险之后，我认为我

---

①　即武装民船，是一种获得国家授权可以拥有武装的民用船只，可用来攻击敌国的商船或军舰，实质是国家支持的海盗行为。——译者注

们不能再满足于海上"护航和封锁"政策。而应竭力找到运用海军力量攻击德国的办法。

我第一个想到的便是波罗的海。如果英国舰队能够掌控波罗的海，那么必将获得决定性的胜利。当斯堪的纳维亚半岛从德国入侵的威胁中解脱出来后，即便事实上它并不是我方的战时盟国，也会自然而然地纳入我方作战体系之中。英国舰队获得波罗的海的制海权后，多少会对苏联施以援手，这很有可能会决定苏联整体政策与战略的制定。消息灵通的上层高官对此意见一致。获得波罗的海的制海权，无论对皇家海军还是整个英国而言都是最大的战利品。我们是否能做到呢？在这场新的战争中，德国不会成为障碍。我们在重型舰艇方面具有优势，因此无论何时何地，只要有机会，我们就会勇敢地与其交战。敌军的水雷区可由更为强大的海军来清除，我们的驱逐舰有高效率的舰队护航，让德国潜艇无从下手。但目前看来，虽然德国没有拥有像1914—1915年间那样强大的海军，但其空中实力却极为强大，不容小觑，况且它还在不断地快速增长。

如果在两三年前，我们能与苏联结盟，那么我们现在就能以喀琅施塔得①为据点，派遣一支英国战斗舰队和苏联舰队联手，便可控制波罗的海。当时我曾向一众友人提及此想法。这种方案是否有效还不敢下定论，但绝对不失为压制德国的一种方法。当然还有一些更为简单的方法尚未采取。现在是1939年秋，苏联成了一个对我方不利的中立国，在选择向我们开战还是对我们继续保持敌对态度这两者中摇摆不定。瑞典拥有多个良港可供英国舰队作为据点使用，但我们不能指望瑞典为帮助我们而自己找上门引德国入侵。没有控制波罗的海，我方就不能要求使用瑞典港口。而没有瑞典港口，我方就无法控制波罗的海。战略思维由此陷入了僵局。我们有可能打破这种僵局吗？努力寻求解决方案是无可厚非的。日后可以看到，在战争期间，我总是命

---

① 喀琅施塔得，位于芬兰湾东端科特林岛，东距圣彼得堡（即列宁格勒）二十九公里，是俄罗斯重要军港。——译者注

令参谋人员研究各类行动方案，但结果每每都让我觉得此类计划无法配合当前的整体战局，最好还是搁置一旁。行动方案中第一个就是掌控波罗的海的制海权。

＊　　＊　　＊

在接管海军部的第四天，我要求海军参谋拟订一个强力打通进入波罗的海通道的计划。计划处很快答复说要实现此计划，日本和意大利必须保持中立，空袭也可能会威胁到计划的实现。除此之外，该计划还需要仔细研究，如切实可行，可在1940年3月或更早的时候加以执行。海军建设局局长斯坦利·古多尔爵士是我在1911—1912年间相识的老朋友，我曾就此事与他促膝长谈，他立刻被这个计划吸引了。鉴于这个计划有苏联背景，我便根据俄国女皇凯瑟琳大帝的名字将其命名为"凯瑟琳"计划。9月12日，我给相关部门写了一份翔实的备忘录说明此计划。

庞德海军上将在20日的回信中说，此计划要想取得成功，苏联就不能加入德国阵营，还要确保挪威与瑞典协同合作。信中还说，无论派遣哪支军队到波罗的海，即使几个国家联手对抗我方，我们也必须稳操胜券。他完全赞成此项计划。9月21日，他同意既有能力又有声望的舰队海军上将科克·奥瑞里伯爵到海军部任职，并为他提供办公室，配备精英幕僚，提供研究制订进攻波罗的海计划的所有必要情报。这种做法有例可循，在第一次世界大战中，我曾得到费希尔爵士的完全授权，将大名鼎鼎的"拖船"——威尔逊海军上将请回海军部来处理此类特殊事务。此次战争中，这样的例子也很多，我们曾多次友好地讨论了此类事务，并未引起相关参谋长们的不满。

科克勋爵的想法与我不谋而合，我们都赞同建造可以反空袭、反鱼雷的主力舰。我希望改装两三艘"皇家"级战舰，安装超级隔舱以抵御鱼雷袭击，并配备坚固的甲板以抵御炸弹空袭，将其派到沿海或狭窄水域作战。为了达成这一目的，我准备牺牲一个甚至两个炮塔，

并降低七八海里的航速。这种舰船除了可以在波罗的海作战外，还有利于在北海沿岸，特别是地中海地区作战。即便最初的海军造船计划以及造船厂计划都能得以实现，这类舰船在 1940 年暮春前也不可能取得进展。在这种情况下，我们必须继续努力。

26 日，科克勋爵就该问题做了纯粹的军事研究后，提出了初步看法。他认为这次由他指挥的作战行动完全可行，但危机四伏。他提出在打通进入波罗的海通道的过程中舰艇必定会有所损失，因此我们应当多准备备用舰艇，数量至少应是德国舰艇数量的百分之三十。如果将行动定于 1940 年，那么就必须在 2 月中旬完成舰队的集合以及所有必要的训练。因此，我原本计划在"皇家"级战舰上加装坚固的甲板和船舷隔舱的希望，由于时间关系，已无法实现。我们再次陷入了困境。但是如果这些事情能够按部就班，大约一年之后我们便可采取行动。战争犹如生活，一切瞬息万变。不过，如果有一两年时间来从长计议，我们还是能找到更好的解决方案。

在这些事情上，副参谋长汤姆·菲利普斯海军上将[1]（他于 1941 年末随"威尔士亲王"号在新加坡附近海域一同沉没遇难）以及海军军需署署长兼第三海务大臣弗雷泽海军上将给予了我强有力的支持。弗雷泽上将建议我增加四艘格伦轮船公司的快速商船以协助袭击舰队作战，后来这些舰艇在其他事件中也发挥了作用。

＊　　　＊　　　＊

我在海军部的首要职责之一，便是审查现有的新建舰船项目和战争爆发时执行的战时扩充计划。

一直以来，海军部至少有四个连续的每年同步进行的造船计划。在 1936 年和 1937 年，海军部计划建造五艘新式战舰，预计在 1940 年

---

①　汤姆·斯宾塞·沃恩·菲利普斯（1888—1941），英国海军将领，二战前任海军副参谋长，1941 年 10 月被任命为英国东方舰队司令。——译者注

到 1941 年间投入使用。在 1938 年和 1939 年，议会授权再造四艘战舰，但从订购日期算，需要五六年才能完工。另有十九艘巡洋舰正在建造之中。过去二十年间，由于受种种条约的限制，皇家海军的舰艇设计才能和良好声誉蒙受了歪曲和损失。我们所有的巡洋舰之所以都受到影响，就是因为建造时受到了种种条约和"君子协定"① 的制约。在和平时期，我方只能按照这种标准在困难的政治环境下年复一年地的建造舰艇，以维持我国的海军实力。而在战争时期，确定的战术目标使建造舰艇不受任何形式的限制。我迫切希望建造一批共计一万四千吨的巡洋舰，配备九点二英寸口径的大炮，再装上能抵御八英寸口径炮弹的坚固装甲，同时这批战舰必须具有超强的续航能力，航速要高于现有的"德意志"号和其他德国巡洋舰。在此之前，我们一直受制于条约。现如今，我们已经摆脱了它们的束缚。但在战争中许多事务需要优先处理，使得此类长期计划难以实现。

　　眼下我们最需要的是驱逐舰，这也是我们最大的弱点。1938 年的造船计划中丝毫没有提及驱逐舰，但在 1939 年的计划中我们一下子就要订造十六艘。当时的造船厂里共有三十二艘必须建造完成的驱逐舰，但在 1940 年底前可以交付使用的只有九艘。由于每一批新建的驱逐舰都要优于上一批，所以就不可避免地将造船时间从原来的两年延长至将近三年。毋庸置疑，海军希望拥有能够驰骋于大西洋上的舰艇，舰身要足够大，装备所有现代化大炮，特别是要装上防空装备。显而易见，按照这种想法建造出来的已经不仅仅是驱逐舰，而是小型巡洋舰。这些舰艇的排水量要接近甚至超过两千吨，还要能够携带两百多名船员。它们没有防御设备，因此很容易被任何一艘正规巡洋舰轻而易举地击败。驱逐舰是抵御潜艇的主要利器，但随着船身的扩大，驱逐舰本身也成了敌军有攻击价值的目标。因此，对这种驱逐舰而言，它已经不再是猎人，反而沦为了猎物。驱逐舰多多益善，但是无休止地改

---

　　①　指 1937 年 1 月英国和意大利签订的和约，即双方保证维持地中海现状，相互尊重在地中海的利益。这是英国对法西斯强盗实行绥靖政策的产物。——译者注

进和扩大，不仅限制了船坞可建战舰的数量，还大大延长了完成时间。

但是，海上航行的英国商船往往都在两千艘以上，每周在我国港口进进出出的远洋轮船也有百艘之多，而沿海商船更有千艘之多。为了执行护航任务，为了在英吉利海峡和爱尔兰海之间巡航，为了保卫英国的数百个港口，为了给遍布全球的基地提供补给，为了保护任务繁重的扫雷舰，我们必须大量地增加小型武装舰艇的数量。造船速度是主要影响因素。

我的责任是根据时局需要不断调整造船计划，最大限度地增加反潜舰数量。为了达成目标，我制定了两条准则：第一，应当完全禁止或者彻底推迟长期造船计划。如此一来，便可集中人力和物力建造那些只需一年或一年半就能建成的舰艇。第二，我们必须设计出新型的反潜舰负责在近海海域工作，这样较大的驱逐舰便可派遣至远洋执行任务。

针对这些事务，我连续写了几份节略给我的海军同僚们：

　　　　鉴于威胁我方的敌军潜艇可能会在 1940 年末卷土重来，而且届时规模势必更大，因此驱逐舰的建造目标应当从舰艇的大小和威力转移到数量和造船速度上。我们应该设计出可以在一年内完工的驱逐舰，如果可以，那么现在应该开始建造至少五十艘驱逐舰。我非常清楚地知道，我们需要一定数量的驱逐领航舰以及可以执行远洋任务的大型驱逐舰。但如果按计划建成了五十艘中型应急驱逐舰，便可派遣所有的大型舰艇前往远洋执行任务或者作战。

战争时期，长期政策与短期政策之间的冲突会变得一触即发。我曾规定停止一切有可能与主要造船计划产生冲突的工程，这些工程是指在 1940 年前不能投入使用的舰艇建造计划。此外我还曾规定，要增加新型反潜舰艇的数量，造船周期必须在十二个月内，甚至有可能的话，最好在八个月内完成。对于第一种反潜舰艇，我们按照它原来的名字，称其为"轻型护卫舰"。在战争爆发前不久，我们订造了五十八艘此类战舰，但还未开始建造。后来有一种经过改进的类似舰艇，叫作巡航舰（即三帆快速战舰），于 1940 年订造。此外还有大量各类小型舰艇，特别是拖网渔船，必须以最快速度改装完毕，并配备大炮、深水炸弹以及潜艇探测器。同时，我们还需要制造大量由海军部设计的新型汽艇，这些汽艇可以执行沿海任务。造船订单已经达到了我国造船能力的上限，加拿大也是如此。即便如此，我们也没有达到预期目标，因为在当时的情况下难免会有所耽搁，造成造船厂的交货量与我们的预期相差甚远。

＊　　　＊　　　＊

经过长时间的讨论，我提出的波罗的海战略以及改造战列舰计划最终获得通过。海军部完成了相关设计后，发出了造船订单。但人们提出了一个又一个理由阻挠计划的进行，其中有些理由说得有理有据。有人说，如果德国的袖珍战列舰或者配有八英寸口径大炮的巡洋舰冲破了防线，那我方就要派出"皇家"级战列舰来护航，这个计划肯定会对其他重要的造船工作产生干扰，因此是不可接受的，而针对重新分配我们的人力以及装甲所提出的理由，似乎也令人信服。我十分懊悔没能实现建立一支装有极厚装甲的分遣舰队的夙愿，我希望这支分遣舰队的航速能在十五海里以内，配有大量高射炮，并拥有无与伦比的抵御空袭和水下袭击的能力，这是其他任何舰艇所不能及的。到了1941 年和 1942 年，针对地中海中部马耳他岛的防御与救援变得十分重要，当时我们亟须轰炸意大利的港口，特别是的黎波里，这时大家才和我一样意识到了拥有该类舰艇的重要性。但一切都为时已晚。

整个战争期间，"皇家"级战列舰始终是一种浪费，令人担忧。这些舰艇没有像它们的姐妹舰"伊丽莎白女王"号那样经过再次改装。后来我们可以看到，1942 年 4 月，日本舰队入侵印度洋时，十分需要这类舰艇登场作战，而驻守在那儿的庞德海军上将以及国防大臣

唯一的想法却是让这些舰艇在最短时间内驶离战场，与敌军舰队离得越远越好。

＊　　＊　　＊

在接管海军部并成为战时内阁成员之后，我最早采取的步骤之一便是建立自己的数据统计部。为此，我找到了我多年的密友兼亲信林德曼教授。我们一同讨论了整个战局并做出了预测。现在，我将他安排在海军部，与六位统计专家和经济学家共事，他们都是有实干精神的人。这些人在林德曼的指导下，可以利用所有官方情报不断绘图制表，根据我们所知道的情况，向我讲解说明整个战况。他们负责审查分析所有送至战时内阁各部门的文件，工作起来兢兢业业，还帮助我研究我想了解的各种问题。

英国政府当时还未建立一个综合的政府统计机构。每个部门只能根据自己的数据给出意见。空军部使用这种方法统计数据，而陆军部使用另一种。虽然供应部和贸易部说的是同一件事，但却采用了两种不同的说法。如果内阁就某件事产生分歧，往往会引起误会，还浪费时间。而我从一开始就拥有自己可靠稳定的情报来源，这与其他部门之间的联系密不可分。尽管一开始只涉及情报领域的一小部分，但在不断涌来、铺天盖地的大量事实与数据面前，它却能极大地帮助我得出全面而正确的见解。

EIGHT

法国前线

英国远征军开往法国——法比边境的防御工事——侵略者的优势——比利时恪守中立——法国与攻势——马奇诺防线——守势的公认威力——攻势无人买账——希特勒的错误——西线兵力对比——德国可能进攻的路线——甘末林制订"D"计划——第八号训令——9月17日在巴黎召开盟国最高军事会议——"D"计划通过——荷兰被纳入"D"计划

战争一爆发，我国的远征军便向法国开拔。第一次世界大战之前，我们花了至少三年时间进行准备，而这次直到1938年春，陆军部才设立专职部门筹备战争。此时又出现了两个严重的问题。首先，如今装备及组织一支现代化军队不再像1914年那么简单。每一个师都要由机械化车辆运输，而且组织机构更加庞杂，非战斗人员所占比重更高。其次，由于过于惧怕敌军空袭运输军队和登陆港口，陆军部只敢使用法国南部的港口，其中圣纳泽尔是主要基地。如此一来，陆军的运输线便延长了，进而也推迟了英国部队的到达、部署以及补给的时间，沿途还额外地消耗了大量人力。

奇怪的是，在战争开始前，我方居然还未决定军队要在前线何地进行布防，当时有人猜测布防地点极有可能是法国北部城市里尔的南部；这一猜测于9月22日得到证实。10月中旬，英国的四个师组成了两个正规军军团，被派遣驻扎于法比边境处。他们从只供军队登陆的港口出发，但由于港口甚远，他们换乘了长达二百五十英里的铁路和公路交通之后，才到达目的地。三支山地部队分别在10月至11月间抵达，并于1939年12月编成了第五师。1940年1月第四十八师开拔，

2月第五十师和第五十一师开拔，3月则是第四十二师和第四十四师开拔。由此，共计十个师抵达战场。兵力越多，我们的防线也就越长。当然，我们未与敌军在任何据点有任何接触。

远征军抵达指定阵地之后，发现该处已经沿前线修好了一条相当完整的人工反坦克堑壕，每隔大概一英里的地方便设有一个宽敞又显眼的碉堡，机关枪和反坦克大炮可以在里面沿着堑壕进行纵向射击。此外，那里还设有绵长的铁丝网。这个冬季不比寻常，我们部队的大部分工作是加固法国留下的防御工事，修成一条与齐格菲防线类似的防线。尽管正值严冬，但我们的工作进展十分迅速。通过空中航拍，我们了解了德国人从法国摩泽尔河向北修筑齐格菲防线的进度。虽然德国在本国享有资源及人力方面的优势，但我们的工作速度似乎可以和他们保持同步。1940年5月德军进攻时，我军已经建好了四百个新碉堡，修好了四十英里设有掩护墙的反坦克堑壕，围好了成片的铁丝网。由于交通线一直向后方延伸至法国西部城市南特，因此又出现了种种庞大的需求。我们修筑了基础设施，提高了公路质量，铺设了一百英里的宽轨铁路，埋设了庞大的地下电报系统，供军团以及军队司令使用的几个指挥部也即将竣工。我们共使用了至少五万吨混凝土，扩建了近五十个新机场以及卫星机场，并改进了跑道。

对于所有这些任务，我军都不辞辛苦地努力完成。为了丰富军队的作战经验，各个旅还被轮流派往法国东北部梅斯附近的前线与敌军对峙，这期间，他们除了参与一些巡逻活动，剩余的时间都用来训练军队。事实上，这是很有必要的，因为战争爆发时，我们的作战准备远不及二十五年前约翰·弗伦奇爵士领军时那样充分。在国内，军队数年来都未进行过大规模训练。正规军的缺口达两万人，其中包括各类军官五千人。此外，根据保卫印度的"卡德威尔计划"的作战要求，其中大部分的作战任务要由本土军队承担，使常备军的基干官兵数量与本土军队相差无几。1939年3月，政府决定把英国预备役部队人数扩充一倍，又于5月组建了一支民兵部队，用意虽好，但这两项决定都会从正规军中抽调大量的教官，有些考虑不周。冬季，我们充分利用了在法国驻守的这几个月，把各类训练项目纳入到主要的防御工作里。毋庸置疑的是，在这难得的休整时间，我们的军队实力得到了显著提升，尽管军队备尝艰辛，未有任何作战行动，但军队士气高涨，精神焕发。

我们的军火库位于后方沿前线的交通线上，储藏了大量的弹药和补给。在塞纳河和索姆河之间储存了十天的物资补给，此外索姆河以北还有七天额外的物资补给。一旦德国突破防线，索姆河北部的物资补给就能救军队一命。由于时局暂时稳定，塞纳河口北岸勒阿弗尔北部的港口陆续投入使用，其中迪耶普成了医疗基地，费康专门运输军火。最后，可供我们使用的法国港口总共达十三个之多。

＊　　　＊　　　＊

一个不受任何法律或条约约束的国家，与只有遭到敌国入侵后才能点燃战斗激情，并根据情况制订战略计划的国家相比，其优势不容小觑，难以估量。但是，除非侵略一方能最终取得绝对胜利，否则他们所掠夺的一切都得如数奉还。除了比德国强大的国家可以对其有所约束外，希特勒对其他国家的入侵简直是势不可挡，可以随心所欲地入侵别国，包括比利时。然而，两个西方民主国家都不可能违背比利时坚持的中立政策，最多也只能在比利时求救时立刻施以援手，只怕待到彼时为时已晚。当然，如果战前的五年里，英法两国在不违反条约并能得到国际联盟认可的情况下，采取了强硬果断的政策，也许比利时不但可以维系旧时同盟，还能赞同组建统一阵线。若是如此，此举可能会给我们带来强大的安全保证，甚至能让我们幸免于即将到来的灾难。

这样的同盟，如果经过精心组织，可沿着比利时边境一直延伸到海边，竖立起一道屏障，抵御德国的迂回战术。这种令人毛骨悚然的迂回战术曾在 1914 年几乎使我军全军覆灭，也令法国军队在 1940 年丢盔弃甲。该同盟使我们有可能通过比利时迅速进入德国位于鲁尔区的工业腹地，如此一来便可大大阻止德国的攻势。就比利时而言，这样做最坏的结果也不会让比利时遭遇比其之后的实际遭遇更为悲惨的命运。现在回想起来，当时美国事不关己，高高挂起；拉姆齐·麦克唐纳先生建议法国裁军；德国多次违背条约中的各种裁军条款，使我们一再遭受冷眼与嘲笑；我们屈服于德国，任其入侵莱茵兰；我们面对德国吞并奥地利无动于衷；我们在慕尼黑签订条约，承认德国占领苏台德地区……凡此种种，所有那时负责国家事务的英法两国人员都没有任何权利苛责比利时。在那摇摆和妥协的动荡时期，比利时坚守中立政策，只能将希望寄托于其边境设置的防御工事上，安慰自己相信这样能够抵挡德国侵略，可以等到英法两国前往救援。

* * *

从 1870 年开始，法国军方及法国人民心中一直燃烧着对德国代代相传的仇恨，这种极具攻击性的仇恨终于在 1914 年猛烈爆发。法国人普遍认为，较为弱小的国家必须要从战略和战术两方面进行反攻，才能抵御敌人入侵。战争伊始，法国军队身着蓝色束腰外衣，红色长裤，伴随着随军乐队演奏的《马赛曲》，一路高歌猛进。这时德军正入侵法国，他们无论在何地遇到法军，都会立即停下并向法军开火，使法军伤亡惨重。法军将领格朗梅松上校主张采取进攻策略，后来在战场为国捐躯。我曾在《世界危机》[1] 中解释过，1914 年到 1916 年或 1917年间防御炮火占据主导地位的原因。在南非战争[2]中，我们亲眼见到一些布尔人使用带弹夹的来福枪，威力巨大，可以给在旷野中行军的敌军沉重一击。此外，当时的机关枪数量也在与日俱增。

接下来便是炮战。大炮由几百门到后来增加到了几千门，可将一个地区夷为平地。即使英法两国浴血奋战之后，再携手进攻凭借壕沟

---

[1] 即丘吉尔所著的《第一次世界大战回忆录》中的一卷。——译者注

[2] 南非战争，又称英布战争，是为争夺南非领土和资源而进行的一场战争，战争持续了三年多，最终以英国与布尔人签订和约而结束。——译者注

固守的德国军队，也会在连绵不断的坚固防御工事面前败下阵来，即使胜利了，消灭敌人先头部队时排炮留下的累累弹坑，也会成为他们前进的巨大障碍。这些艰难获取的经验使我们得出的唯一结论是：防御助你取胜。而且二十五年过去了，我方的火力已大大增强，给我们的防御带来了极大的优势。但选择防御是一把双刃剑，其利弊日后可见分晓。

眼下的法国已不是1914年8月间与其世仇决一死战的法国了。报仇雪恨的精神在战争取胜和任务完成后便消失殆尽，而培育这种复仇精神的领袖早已与世长辞。第一次世界大战中，法国人曾经历过骇人听闻的大屠杀，一百五十万成年人遇难。在绝大多数法国人的心目中，一说到采取攻势，映入脑海的就是1914年法国以失败告终的首次进攻、1917年尼维勒将军在战场上节节溃败以及索姆河战役和帕斯尚尔战役之殇。此外，还有现代火器的威力给进攻部队带来的惨重伤亡。无论是法国或是英国，人们都无法承受这种新式武器造成的后果：这种新型装甲车可以抵御炮火攻击，每日向前推进一百英里。几年前，有一位名叫戴高乐的指挥官就此发表了一篇引人深思的文章，但并未引起注意。年事已高的贝当元帅①，对法国的军事思想曾产生了巨大的影响，在法国最高军事委员会中德高望重，但他一心闭门造车，拒绝接受新思想，特别是那个所谓的"攻势武器"。

事隔多年，马奇诺防线仍然经常遭到后人诟病。依赖马奇诺防线确实使法国人形成了一种防御心理，但是，在保卫绵延数百里的边境之时，明智之举应当是尽可能多地建造防御工事以阻挡外敌，军队能原地待命以节省兵力，还能对敌军可能进攻的路线进行控制。如法军能正确利用马奇诺防线，一定会使法国受益良多。马奇诺防线可视为绵延不断相互连接的出击突破口，对作战极具价值。特别是它能够隔断和阻截大部分战线，以便召集预备队或大规模调遣部队。鉴于法国

① 亨利·菲利浦·贝当（1856—1951），法国元帅、维希法国国家元首、总理。一生颇为坎坷，集民族英雄和叛徒于一身。——译者注

与德国的人口差异，我们必须承认修建马奇诺防线是明智而又谨慎的决定。事实上，奇怪的是，法国居然没有沿着马斯河向前延伸马奇诺防线。如果加以延伸，它必将成为法国可靠的屏障，协助法国轻松高举手中沉重而又锋利的法兰西之剑刺向敌人。但贝当元帅却反对延伸马奇诺防线，他坚决认为由于阿登高地的地理因素，敌人绝不可能穿过那里入侵法国，因此，延长马奇诺防线的计划遭到否决。1937年我到访法国东北部城市梅斯时，吉罗将军曾向我说明马奇诺防线的重要性，但他们并未付诸实践。相反，这条征调了大量训练有素的正规军和技术人员建立起来的庞大防线，不仅对军事战略产生了不利影响，还使全国上下放松了警惕。

人们将新式空中力量视为作战的革命性因素。在当前情况下，考虑到双方可用的飞机数量有限，其作用被夸大，并且大家普遍认为一旦敌军发动袭击，空军可以阻止大量部队集结运输，从而有利于防守一方。法国高级指挥部甚至认为法军总动员时期都有极大的危险，担心铁路中心遭到破坏，虽然德国的飞机与其盟国一样，数量极为有限，无法执行重大任务。法国空军首脑的担心不无道理，在战争即将结束的几年里，空军力量较以前增加了十倍或二十倍，这时这种担心才完全得以证实。而在战争开始时，这种担心还为时尚早。

* * *

英国流传着这样一个笑话，说陆军部总是在筹划第一次世界大战。对其他某些部门或其他国家来说，此言可能不假，但对法国军队来说，就确实如此了。我也认为，只要能积极发挥防御力量，定会受益良多。但我当时既没有责任，也无法得到准确的情报对其做出新的评估。我知道第一次世界大战的大屠杀对法国人民造成了刻骨铭心的伤害。德国人已经获得了修建齐格菲防线的时间，如果把法国的剩余男丁全部推向战场，进攻这座被炮火和混凝土包围的坚固壁垒，那将会是多么可怕的一件事啊！在第二次世界大战爆发伊始的数月内，关于防守的观点我和大多数人并无不同，我相信只要精心部署反坦克障碍物以及野战炮，配备足够弹药，便能击退或破坏坦克，但如果是在夜晚或是在天然或人工制造的烟雾环境下则另当别论。

无所不能的上帝在为其谦卑的子民设置问题时，不会让问题重复出现，即便看似相同，但其中定有所差异，切不可一概而论。人类的思想是在固有的结论中形成的，因此除非有卓越超群的天才引导，否则无法超越这些固有的结论。我们即将看到，在双方按兵不动八个月后，希特勒突然大举进攻，由防弹的重型装甲车作为先导部队，冲破了所有防御工事，所向披靡，这是几个世纪以来甚至可以说是火药发明以来的第一次，大炮在战场上一时间几乎威力全无。我们还将看到敌军火器威力的增强使得只需极少数人便可守住战略重地，减少了人员配备，从而降低了实战中的人员伤亡。

＊　　　＊　　　＊

没有任何一个边界像法德两国边界那样，在战略上受到了如此充分的重视，并作为实验教材以供研究，其原因在于法德两国边界一直延伸穿过低地国家的边境，这在世界上是绝无仅有的。数世纪以来，西欧所有的军事将领和军事学院都会以他们当时的最后一次战争为例，对该地区的方方面面包括山地高度、水文条件等进行认真仔细的分析。此时，如果德国入侵比利时，盟国可对比利时展开救援。如果比利时同意，盟国可仔细筹划一个秘密的占领计划，那么共有两条防线可以使用：第一条叫斯海尔德河防线。此防线距离法国边境较近，无须长途跋涉且较为安全。最坏的结果不过是守住了一条"错误防线"，并无大碍；最好的结果则是可以根据局势变化对该防线加以修缮。第二条防线则颇具挑战。它一路沿着马斯河穿过济韦、迪南、那慕尔以及鲁汶到达安特卫普。如果盟国能够在苦战中守住这条颇具冒险性的防线，那将会重创德军的右翼部队；如果证明德军确实处于劣势，那么盟军进入并控制鲁尔的德国军火制造中心便指日可待，值得庆贺。

基于国际道义准则，在未获得比利时首肯的情况下不得穿越比利时境内，所以只能从法德两国边境前进。如果军队向东穿过莱茵河，从法国东北部城市斯特拉斯堡的南部和北部发起进攻，那么军队主力将进入德国西南部的黑森林地区，而在当时该地和阿登高地一样，被视作不适宜展开进攻的地区。当时还有一条从斯特拉斯堡—梅斯向东北直达德国西部普法尔茨的路线。多年来，西欧各参谋学院都在研究其可能性以及其中的诸多变化，这已成为他们战争研究的一部分。但齐格菲防线位于该地区，坚固的混凝土和碉堡紧密相连，还埋设了大量铁丝网，形成了纵深屏障，到了 1939 年 9 月这道防线已是坚不可摧。法国可能发动大规模袭击的最早日期可能是 9 月第三周的最后几天，但届时波兰战役早已结束。到 10 月中旬，德国在西线已集结了七十个师，因此，法国在西线数量上的优势已不复存在。如果从其东部边境进攻，便会削弱法国更为重要的北部防线的实力。即使法国军队首战告捷，但不出一个月，他们便会发现维持东线胜利极其困难，还会将北部防线全部暴露在德军面前。

　　以上分析对以下问题提供了答案："我们为什么在波兰覆灭之前一直采取消极策略？"这场战争的失败其实早已注定。如果战争在 1938 年爆发，当时捷克斯洛伐克还未亡国，我们还很有可能获胜；如果战争是在 1936 年爆发，应该不会引起过于激烈的反抗；而要是在 1933 年爆发，只要日内瓦签署的一份决议书便可不战而胜。1939 年甘末林将军未能冒险进攻，我们不能一味责怪他一人，因为自危机屡次爆发以来，危险大大增加，英法两国政府也因此而止步不前。

　　英国三军参谋长委员会估计，截至 9 月 18 日，德国动员的师至少有一百一十六个，分布如下：西线四十二个师，德国中部十六个师，东线五十八个师。从敌军记录中我们可以看到，这一估计基本完全正确。德国共有一百零八到一百一十七个师。进攻波兰的兵力是由作战技术最为成熟的五十八个师组成。其余五十到六十个师作战实力高低不等。其中，西线上从德国西部亚琛到瑞士边境一线驻扎了德国四十二个师（包括十四个现役师、二十五个后备师和三个地方军）。德国的装甲部队一部分派往了波兰，一部分还没有组建，工厂也还未开始大量生产坦克。英国远征军只能在10月的第一周派出两个师，在第二周增派两个师，因此这只是一种象征性的支持。尽管慕尼黑阴谋发生后，德国的相对实力大大增强，但在未征服波兰前，德国最高统帅部仍十分担心西线的局势，然而希特勒独裁专制，曾先后五次就英法两国不愿参战做出了准确的政治判断，才诱使或迫使德国最高统帅部冒着巨大风险而作战，而这种风险是他们本来不愿意承担的。

希特勒认为英国是一个信奉和平但江河日下的国家。在他看来，虽然张伯伦先生和达拉第先生在英国少数好战分子的鼓动下已经向德国宣战，但他们定会尽量避免开战，并且一旦波兰覆灭，他们会像一年前面对捷克斯洛伐克被攻陷一样，坦然接受既定现实。从之前发生的种种情况来看，希特勒的直觉十分准确，而他的将军们的担心与言论则是大错特错。但希特勒根本不懂，战争一旦打响，大不列颠以及整个大英帝国将会发生极其深刻的变化。希特勒也不会明白，为何那些曾经努力追求和平的人，一夜之间就变成了愿意参战、一心想获得战争胜利的人。他无法理解大英岛民的心灵和精神力量。无论他们曾经多么反对战争或多么反对备战，但自始至终都认为获取胜利是他们与生俱来的权利。然而英国军队一开始并没有做好参战的准备，希特勒也确定法国无心参战。事实上，他的判断十分正确。他最终得偿所愿，他的命令也得以贯彻执行。

*　　*　　*

我方军官曾以为德国在完全击溃波兰军队后，会在波兰驻扎十五个师，且大部分作战能力较差。如果德国对与苏联签订的条约有所疑虑，就会将驻扎在东线的部队增至三十个师。最不利的情况是德国从东线调集至少四十个师，组成一百个师前往西线。到那时，法国国内可能已动员了七十二个师，此外还有要塞驻守部队，其实力相当于十二个到十四个师，另外还有英国远征军四个师。法国驻守意大利边境

的军队需要十二个师，剩余七十六个师与德国作战。故敌军与盟国的军力之比为四比三，敌军占有优势，并且有望在未来组建更多后备师，总数可达一百三十个师。为此，法国可以从驻扎在北非的十四个师中调集部分兵力，而且不久的将来，英国的力量也会逐渐增强。

在空军方面，英国三军参谋长委员会估计，德国闪击波兰后，会在西线集结至少两千架轰炸机，与英法两国共九百五十架轰炸机抗衡。因此一旦德国征服波兰，德国的陆、空力量将远远凌驾于英法两国之上。所以，法国不可能进攻德国。那么德国进攻法国的可能性有多大呢？

当然，德国有三条路线可选。第一，经过瑞士侵略法国。这样可绕过马奇诺防线南翼，但要克服许多地理以及战略方面的困难。第二，穿过德法边境入侵法国。这种可能性微乎其微，因为我们认为德军还未完全做好准备，无法正面大举进攻马奇诺防线。第三，穿过荷兰和比利时入侵法国。这种方法将绕过马奇诺防线，避免正面袭击这道永久性防御工事可能造成的损失。英国三军参谋长委员会预测在战争初期，德国将需要从东线调集二十九个师，并派遣十四个师增援西线队伍。但是德国在三周内根本无法完成调动工作，军队也无法得到足够的弹药支持。再加上在德国展开进攻的两周前，我们必然会察觉其调兵遣将的战前准备工作。所以，德国要进行如此大规模的战争必然是在今年下半年，但实施与否还有待确定。

毫无疑问，我们应当利用空军力量袭击德军的交通线和兵力集结区，以阻止其自东向西的行动。因此，德军很有可能对盟军的机场和飞机制造工厂发起空袭，以削弱或消灭盟军的空军力量。就英国而言，对这种空袭英国并不是不欢迎。我们下一步计划就是解决穿过低地国家入侵的德军。我们无法推进到荷兰境内与德国正面交锋，但如果能在比利时境内阻止德军，对盟国将大有裨益。英国三军参谋长写道："我们了解法国的想法。他们认为如果比利时能守住马斯河，法英两军便可攻占济韦—那慕尔防线，安排英国远征军在其左翼作战。我们认为只有在德国进军之前，与比利时就是否攻占这条防线达成一致意见，才能实施这一计划。除非比利时的态度有变,我们能制订提前攻占济韦—那慕尔防线的计划,如若不然,我们坚决主张在法国边境早已做好准备的阵地上与德军正面交锋。"当然,在这种情况下,我们就必须炸毁德国在比利时和荷兰正在利用或者已经占领的城镇以及铁路。

这一重大事件的后续也应当记录下来。这个重要问题于9月20日提交至战时内阁,简单讨论后,上呈至最高军事会议。按照惯例,最高军事会议征求了甘末林将军的意见。甘末林将军在回复中只是对"D"计划(即到马斯河—安特卫普防线的行军计划)进行了说明,而"D"计划已经在法国代表团呈交的报告中有所说明。这份报告里有关作战行动的说明如下:"如果比利时及时请求救援,英法军队将进入比利时,但不要和敌军发生遭遇战。公认的防线有两条,分别为斯海尔德河防线和马斯河—那慕尔—安特卫普防线。"对法国的回复进行考虑后,英国三军参谋长委员会又写了一份议案,探讨了斯海尔德河防线行动计划的替代方案,只字未提马斯河—那慕尔—安特卫普防线行军计划,但是后者意义更为重大。10月4日,英国三军参谋长委员会将第二份报告呈交至内阁,丝毫没有提及"D"计划的替代方案。因此,战时内阁理所当然地认为英国三军参谋长委员会意见达成了一致,不需要采取进一步行动或另作决定。我出席了这两次内阁会议,并不知道当时还有重大问题悬而未决。所以整个10月,我们并未与比利时做出任何有效部署,他们似乎默认了我们只能行军至斯海尔德河防线。

同时,法国的甘末林将军与比利时进行了秘密协商,议定了以下事项:首先,比利时军队应当保持最佳状态;其次,比利时应在更前方的那慕尔—鲁汶防线做好防御准备。11月初,法国与比利时就这些问题达成协议,11月5日至14日,一系列会议在文森和拉费尔代召开,艾恩赛德、内维尔和戈特等人出席了部分(或全部)会议。11月15日,甘末林将军公布了第八号训令,证实了14日与比利时达成的协议,这个支援比利时的协议规定"在条件允许的情况下",法军要将防线推进至马斯河—安特卫普防线。盟国最高军事会议于11月17日在巴黎召开。张伯伦先生携哈利法克斯勋爵、查特菲尔德勋爵和金

斯利·伍德爵士一同出席会议。当时我还未达到相应级别，还不足以受邀与首相一同参加此类会议。当时的决议是："鉴于将德军阻截在尽可能远的东部防线一事极其重要，如果德国入侵比利时，我们应当全力以赴守住马斯河—安特卫普防线。"在此次会议上，张伯伦先生以及达拉第先生肯定了该决议的重要性，因此，此后的行动都要依此进行。事实上，这一决议有利于"D"计划的实施，因为它取代了之前只推进到斯海尔德河的那个过于谨慎的决定。

"D"计划增加了一项内容，即关于法国第七集团军的任务。把法国第七集团军派至盟军侧翼沿海岸推进的想法，最早出现于1939年11月初，当时焦躁不安的第七集团军司令吉罗带领一支后备军驻守在法国东北部兰斯附近，后来得到任命成为司令官。增添"D"计划内容的目的首先是要穿过安特卫普进入荷兰，援助荷兰人民；其次是占领荷兰瓦尔赫伦岛和贝弗兰岛的部分区域。当然如果能在艾伯特运河阻截德军，计划便可万无一失，这也正是甘末林将军想要的结果。但乔治将军却认为该计划超出了我们的能力范围，他更希望把相关军队作为后备军，驻守防线中心的后方。我当时对他们之间的意见分歧一无所知。

就这样，我们度过了严冬，等待着春天的到来。从此刻起到德国发起进攻的六个月间，英法两国参谋部及双方政府均未对战略原则做出任何新的决议。

第九章

NINE

战 斗 加 剧

希特勒提议和谈——英法两国的拒绝——关于英国军事准备的看法——设法缓和与意大利在地中海方面的矛盾——国内战线——"皇家橡树"号的沉没——关于舰队主要基地的决定——与张伯伦夫妇在海军部共进晚餐——"拉瓦尔品第"号被击沉——错误警报

希特勒利用自己的胜利向盟国提出他的和平计划。我国采取的绥靖政策，以及随着希特勒逐步手握大权我方依然对他采取漠视的态度，都导致了许多必然的后果，其中之一便是使希特勒相信无论是法国还是英国均无力应战。9月3日，英法两国发表声明，希特勒感到非常震惊和不快。但他深信，日渐"颓败"的民主国家在看到波兰迅速灭亡后，一定会意识到曾经主宰中欧和东欧沉浮的日子已经成为过去。在与苏联签订《苏德互不侵犯条约》后，希特勒这次十分信任苏联，在今年10月，德国就把截获的美国商船"弗林特"号，由捕获该船的德国水手押送到了苏联北冰洋沿岸的摩尔曼斯克港。这一阶段，希特勒不愿与英法两国继续作战。他十分确信，英国政府一定会欣然接受他在波兰提出的和平计划。希特勒还确信，虽然在议会中的好战分子的强迫下，张伯伦和其旧日同僚被迫宣战以证明他们的正义感，但他的和平提议一定可以帮助他们从这一困境中解脱出来。希特勒未曾想过，眼下张伯伦先生以及大英帝国和英联邦的其他成员国已经下定决心破釜沉舟，与德国决一死战。

*　　*　　*

在国内，我们忙于扩充陆军以及空军，千方百计地增强我方海军实力。我继续向首相谏言，并设法说服其他同僚采纳我的意见。

海军大臣致首相：

本周周末，我冒昧给您写信，就几个重大问题提出我的意见。

1. 敌方对我们展开"和平"攻势时，我们一定要全力支援法国。尽管我们有近百万的武装部队，但我们目前所能做的贡献微乎其微，甚至之后几个月的贡献也是少之又少。我们应当告诉法国我们正在努力备战，虽然与1914年的备战方式有所不同，但是付出的努力有过之而无不及。除了在空中做出了巨大贡献外，我们正在组建一支有五十五个师的军队，只要加以训练并提供装备，便可根据需要派到任何地方参加作战。

目前，我们有自己的正规军，其中有四五个师在战场上所向披靡。但是不要指望这支经过六个月左右训练的英国地方自卫队能在战场上与德国一较高下，而没有造成任何不必要的损失和后果，毕竟德国正规军在沙场上至少征战了两年，武器也更为先进；也不要指望英军能和法军并肩作战，毕竟法军已经有了三年的作战经验。想要迅速增强我方在法国的军力，只能从印度抽调职业军队，将其作为骨干用于训练地方自卫队和新入伍士兵。至于细节，我在这里就不加以赘述了，但从原则上说，我们应当派遣六万地方自卫队士兵前往印度，维护境内治安并完成军事训练。同时，应当调集四万到四万五千名正规军回欧洲，让其前往法国南部的营地，那里的冬季更加适合军事训练，那里还有许多军事设施，可以组成八到十个优秀野战军的基础。到了春末，这些队伍的实力就可与同其并肩作战的法军不相上下，并可与德军正面交锋。在冬季这几个月里，如果能在法国训练出这样一支队伍，对法国而言无疑是一种巨大的鼓励和满足。

2. 我十分关注空军部提出的作战兵力数据。在战争初期，空军部共有一百二十个中队，但随后减少到只有九十六个中队能够参加作战，几乎只占原来兵力的四分之三。人们总是期待动员后军队兵力会大为扩充，但是当时兵力反而急剧减少。造成这种情况的原因就在于为了组建作战力量，国家将有经验的空军人员、机械师以及后备人员抽调至他处，而把剩下的人凑在一起，组成了一支庞大的所谓后备中队。如果这个冬季没有遭到猛烈袭击，那么大量新式飞机以及受过训练的飞机驾驶员将会加入到后备中队。即使减去种种合理的数额，每个月仍可至少组成六支中队作为后备军。这样做比把大量剩下的飞机驾驶员、机械师以及其他空闲人员组成中队更为明智。目前我军与德军实力悬殊。我十分确定，只要获得您的同意便可成功完成军力扩充。

3. 有关空袭预警防御措施及其经费支出，主要是按照全国各地遭受空袭的危险程度来决定，但对于危险程度的看法是极其错误的。我们应当就敌机轰炸的目标区域以及可能通过的航线制成图表。在这些区域内必须配备大量全日制工作人员。毋庸置疑，伦敦是敌军的主要目标，其他城市很快也会成为敌军的袭击目标。我们应当注意这些城市的路灯照明系统，一旦警报信号发出，防空人员要能够控制路灯。我们还要夜以继日地加紧建造和加固防空洞。同时，我们要一直开放剧院和影院，以鼓舞民众精神。除非敌军发动空袭，否则不得关闭。对于广大农村地区的灯光照明要进行改造，还要开放娱乐场所。这些地区的防空人员不可索取报酬，要在自觉自愿的基础上工作。中央政府仅仅是提出建议，其余由地方政府自行处理。在这些至少占英国总面积八分之七的地区，民众可以把防毒面具留在家中，只有在目标轰炸区内，人们才需按计划随身携带防毒面具。这些指令应当在下周发出。

1939 年 10 月 1 日

*　*　*

看到发生在波兰以及波罗的海诸国的灾难，我愈发认为不能让意大利卷入战争的旋涡，并要想方设法寻找两国之间的共同利益。战争还在继续，我忙于应付各种行政事务。

海军大臣致内政大臣：

尽管这里公务繁忙，但我依旧忍不住担心国内战线的情况。您知道，我认为没有必要在国内大部分地区实行严格的灯火管制或限制娱乐活动等，而现实情况却是大部分地区都在执行过分的甚至是不合理的灯火管制和娱乐限制。那么汽油的问题呢？海军是否没有获得足够的供应？现下正在由海路或者已经运来的汽油供应量是不是应当比和平时期要多？我听说许多人以及大部分企业都受到了汽油管制的影响。毫无疑问，这个问题的最佳解决之道是按照标准价格定量配给，超出配额的部分可以多加税，让民众自由购买。民众出行要购买汽油，政府则可通过给汽油征税而获益，车辆越多，税收就越多。如此一来，我国经济便可向前发展。

现在再来看看粮食定额配给，这是粮食部为了获胜而制定的措施。不管怎么说，定额配给是要执行的。但我听说国内肉类的配给定额比不上德国。既然海路已经完全开放，那么是否还需要执行定额配给呢？

如果我们因为空袭或海上袭击而受重创，那也许有必要严格执行这些措施。但到目前为止，没有任何理由认为海军的运输供应已经失败，也没有出现任何失败的迹象。

还有，那些中年士兵该怎么安置呢？他们许多人都参加过第一次世界大战，老而弥坚，身经百战，作战经验丰富，但他们当中却有成千上万人被拒之门外，被告诉国家不需要

他们了，难道他们只能到地方劳工介绍所去找工作吗？显然，这种做法愚蠢之至。（如果他们愿意）我们为何不把这五十万名四十岁以上的老兵组成一支国民自卫军，邀请所有年长的有志之士加入这支新队伍来担任长官呢？以这五十万人为榜样，鼓励年轻力壮的人离开家园去保家卫国。如果制服不够，每人佩戴一个臂章也可以，但我十分确定我们有充足的来福枪。从您那天和我说的话来看，我认为您是赞同我的观点的。如果是这样，我们就可以实施了。

我不断听到关于国内战备缺乏组织的抱怨，我们可否着手处理？

1939 年 10 月 7 日

* * *

就在我们着手处理各种不期而至的紧急事务时，一个突发事件触动了海军部的伤心之处。

我之前提到过，在第一次世界大战时，一份声称德国潜艇潜入了斯卡帕湾的情报曾迫使英国的大舰队于 1914 年 10 月 17 日连夜仓皇出海，后来证明是虚惊一场。而在二十五年后的今天，几乎就在同一天，噩梦降临，警报却成了事实。1939 年 10 月 14 日凌晨一点半，一艘德国潜艇冲破了我方防线，击沉了海湾内停泊的"皇家橡树"号。一开始，敌军连续发射多枚鱼雷，但只有一枚击中舰艇，发出低沉的爆炸声。鉴于船上的海军上将及舰长认为"皇家橡树"号停靠的斯卡帕湾十分安全，因此完全没有料到舰身已被鱼雷击中，还认为爆炸声是因为舰身内部出了问题。二十分钟后，那艘德国潜艇重新装填发射管，发射了第二枚鱼雷。接着，一连有三四枚鱼雷快速击中军舰，舰底被炸了个底朝天。不到两分钟，舰身就倾斜下沉了。当时船上大部分人都还在岗位上工作，舰艇下沉的速度如此之快，舰船上的工作人员几乎无一人生还。

根据德国人当时对此事的报告，现转录如下：

1939年10月14日凌晨一点半，停泊在斯卡帕湾的英国"皇家橡树"号被第四十七号潜艇击沉，潜艇艇长是普里恩上尉。该行动由德国潜艇部队指挥官邓尼茨海军上将亲自筹划。10月8日这天秋高气爽，普里恩指挥潜艇穿过基尔运河，一路向西北方向挺进，驶向斯卡帕湾。10月13日凌晨四时，潜艇停在奥克尼群岛。晚上七时，潜艇上升到海面，此时清风阵阵，未发现任何目标。在这晦暗不明的夜色中，远处的海岸线隐约可见，北极光划破天际，是一道长长的蓝色光芒。普里恩指挥潜艇向西前进，悄悄地逐渐驶入位于斯卡帕湾东入口处的霍尔姆海峡。不幸的是，海峡并没有被完全封锁，两艘沉船之间还留有一条狭窄的通道。普里恩技术纯熟，驾驶潜艇穿过涌动的漩涡。海岸近在眼前，可以看见有个人沿着海岸骑自行车回家。突然整个海湾呈现在眼前，潜艇已经穿过柯克海峡，进入了斯卡帕湾。在靠北岸的地方可以看到一艘战列舰的巨大影子倒映在海面上，巨大的桅杆就像是一件摆在黑布上的艺术品。近了，更近了——鱼雷准备就绪——除了海浪拍打海岸的声音，滋滋作响的气压声和鱼雷发射管杠杆的尖锐拨动声以外，没有警报声，也没有其他声音，一片寂静。鱼雷发射！五秒——十秒——二十秒。随后一声巨响，漆黑的海面上激起了巨大的水柱。几分钟后普里恩再次发起袭击。鱼雷准备就绪！发射！鱼雷击中了舰身中部，传出了一连串的隆隆爆炸声。英国皇家海军舰艇"皇家橡树"号就这样沉没了，随船一起沉没的还有七百八十六名官员和船员，第二作战舰队司令布莱格罗夫海军少将也未能幸免于难。后来，第四十七号潜艇悄悄地从缺口处撤离斯卡帕湾。一艘阻截船过了二十四小时后才赶到。

这一事件对德国潜艇指挥官来说是赫赫战功，但英国的公众舆论却对此大为震动。对于任何一个负责备战的大臣来说，此事都有可能对其政治生涯造成致命打击。我接管海军部不久，在最初几个月可以免受此类指责，此外，反对党也未就此不幸事件大捞政治资本。相反，艾伯特·维克托·亚历山大先生克制冷静，对我报以同情。我答应一定将此事彻查到底。

这一次，首相就德军 10 月 16 日空袭福斯港一事在下议院做了报告。这是德军首次试图发动空袭来轰炸我方战舰。这次空袭，德军至少派出了十二架飞机，以两三架为一批，轰炸我方停在福斯港的巡洋舰。巡洋舰"南安普敦"号、"爱丁堡"号和驱逐舰"莫霍克"号均有轻微损坏，军官和水兵伤亡共计二十五人。但我方战斗机中队击落敌人轰炸机三架，高射炮击落一架，共计击落了四架敌机。很有可能只有一半的轰炸机能安全返回德国，这个有效的方法使得敌军不敢再轻举妄动。

第二天，即 17 日早上，敌军再次向斯卡帕湾发起空袭，老式驱逐舰"铁公爵"号已经解除了武装，现在只是用于运输，因为靠近爆炸点而遭流弹击伤。之后它一直搁浅在浅海海底，在那里继续完成它的使命直至战争结束。这次我们又击落了一架敌机，所幸本土舰队当时不在港湾内，没有受到空袭的影响。这些事件表明在斯卡帕湾再次启用之前，完善斯卡帕湾的防御工事以抵御各类袭击已迫在眉睫。还要将近六个月的时间，我们才能再次享受到斯卡帕湾带来的便利。

*   *   *

在斯卡帕湾遇袭和痛失"皇家橡树"号之后，海军部立即做出了回应。10 月 31 日，我在第一海务大臣的陪同下前往斯卡帕湾，在福布斯海军上将的旗舰上，就这些问题召开了第二次会议。关于完善斯卡帕湾的防御工事，我们一致同意在未设防的东部航道围起水栅，额外再增设封锁船、布设水雷区以及其他防护措施。除了这些强大的防御措施外，还可增设巡逻船，在所有入口处架设大炮。为了抵御空袭，我们计划架设八十八门重型火炮以及四十门轻型高射炮，此外还要增加大量的探照灯以及防空气球①。至于陆地上，计划在奥克尼群岛和威克两地部署战斗机群。我们希望可以在 1940 年 3 月完成所有部署，或至少要取得很大的进展，让舰队可以安全返回。与此同时，斯卡帕湾还可以作为加油基地供驱逐舰使用，但重型舰艇就要另行安置了。

关于备用港湾的选址问题，专家的意见产生了分歧。海军部倾向于选择苏格兰西岸的克莱德港，但福布斯海军上将不赞成，认为如果选择克莱德港，驱逐舰到达作战区域就要多耗时一天。这样一来，就必须增加驱逐舰的数量，而且重型舰船要分为两队执行任务。另一个选择是苏格兰的罗赛斯港，这个港湾曾是我方在第一次世界大战后期的主要基地。从地理位置来看，罗赛斯港更为适宜，但却容易遭到空袭。在回伦敦的途中，我就这次会议上最终达成的决议总结了一份节略。

随着我与张伯伦首相的关系日益密切，10 月 13 日，星期五，他偕同夫人来到海军部顶楼与我们共进晚餐，在那里我们夫妇有一套舒适的房子。这天就我们四个人坐在一起。尽管在鲍德温内阁执政期间，我与张伯伦首相作为同僚曾经共事五年，但我和我夫人从未在这种场合下与张伯伦夫妇有过来往。我谈起了他在巴哈马的生活，我欣喜地发现我的贵客张伯伦首相深深沉浸于往事之中，这是我之前从未看到过的景象。张伯伦首相过去的那些事情我原本只知一二，但他此刻连他在拿骚城附近的西印度荒岛上种植剑麻的事也向我娓娓道来。在西印度荒岛上，他有过六年种植剑麻的奋斗史。他的父亲，伟大的约瑟夫·张伯伦，坚信种植剑麻是个大好机会，既可以发展一门帝国产业，又可以增加家族财富。于是他的父亲和兄长奥斯汀·张伯伦在对种植剑麻做了长期的项目考察后，于 1880 年将他从伯明翰召至加拿大。在

---

① 防空气球是一种军用系留气球，外加薄金属保护板，通过爆炸燃烧物杀伤敌人。同时还可以用悬挂钢缆的方法使气球悬停在预定的空域、阻碍敌方空军在空中机动。——译者注

距离拿骚四十英里外的加勒比海湾有一处小岛，虽然岛上荒无人烟，但据说这里的土壤适合种植剑麻。经过两个儿子的仔细考察，约瑟夫·张伯伦先生在安德罗斯岛上购买了土地，并筹措了开发土地所需的资金。万事俱备，只差种植剑麻了。不料奥斯汀决心投身下议院从政。所以，这个重担便落在了内维尔·张伯伦先生的肩上。

他接受这份工作，不仅仅是因为孝顺，也是因为他抱有信念，乐意为之。在之后的六年时间里，他都在那个荒岛上种植剑麻。岛上时有风暴肆虐，生活近乎原始，衣衫褴褛，还要克服因劳动力不足引发的种种困难和艰难险阻。那里唯一的文明之地就是拿骚城。他告诉我们，他坚持每年花三个月时间待在英国休假。他还在那里修建了一个小型港湾和栈桥码头，还有一小段铁轨或电车轨道。他用遍了各种能够使土壤肥沃的施肥方法，基本上过着和原始人一样的野外生活，但却没有生产出剑麻，或者说没有生产出市场需要的剑麻。奋斗了六年后，他觉得这个项目不可能成功。他返回家中告诉父亲一切，要求严苛的父亲自然对这种结果十分不满。就我所知，虽然他的家人十分疼爱张伯伦，但白白损失了五万英镑的投资也令他们大失所望。

张伯伦首相忘情地讲述着他的故事，我被他神采飞扬的表情所吸引，再加上故事本身具有的一种大无畏的奋斗精神，这也令我折服。我心里不由自主地想：真是可惜啊！希特勒在德国贝希特斯加登、戈德斯贝格和慕尼黑与张伯伦会面时，根本不知道他眼前这位随身带雨伞、镇定冷峻的政治家实际上是曾在大英帝国的边疆开荒拓野的强人！我和内维尔·张伯伦首相一起共事近二十年，这样亲密的谈话，我记忆中却仅有这一次。

在我们进餐的同时，战争仍在继续，战事也仍在发生。在我们喝汤时，一名军官从下面的作战室跑上来报告说，敌军一艘潜艇被击沉了。在我们吃甜点时，他又前来报告说，又一艘敌军潜艇被击沉了。在夫人们正准备离开餐厅时，他第三次报告说，我方又击沉了德国第三艘潜艇。以前从未发生过一天三捷的事，这样的记录直到一年多以后才又出现。在女士们离开时，张伯伦夫人用她那迷人而又纯真的眼

睛看着我说："这一切是不是你们有意安排好的？"我向她保证道，如果下次她再光临，一定还会有同样的高兴事发生。

＊　　　＊　　　＊

　　我方在奥克尼群岛北部漫长的封锁线上防守薄弱，主要是由商船武装而成的巡洋舰组成，战列舰不定期给予支援。这样的封锁线自然容易招来德国主力舰队的突袭，特别是德国两艘实力最强的快速战列巡洋舰"沙恩霍斯特"号和"格奈森诺"号。我们根本无法抵挡敌军的突袭，因此希望将闯入偷袭的敌舰引来决一死战。

　　11 月 23 日傍晚时分，由商船改装的"拉瓦尔品第"号巡洋舰在冰岛和法罗群岛之间巡航时发现一艘敌舰正迅速向其驶近。"拉瓦尔品第"号巡洋舰舰长确信这艘陌生的战舰为"德意志"号袖珍战列舰，并根据情况向上汇报。对这场不期而遇的遭遇战，肯尼迪舰长丝毫不抱胜利的幻想。"拉瓦尔品第"号原是一艘远洋客轮，舷侧只装有四门旧式六英寸口径大炮，而它的对手除了配有六门十一英寸口径的大炮外，还有一套强大的辅助作战装备。尽管敌我实力悬殊，但肯尼迪舰长还是决定孤注一掷，与敌军决一死战。敌军在三万英尺开外率先开炮，"拉瓦尔品第"号立刻反击。这种实力悬殊的战斗，本来很快就能决出胜负，但战争一直持续到"拉瓦尔品第"号舰上所有大炮被毁、舰身化成一团火球才结束。天黑之后，"拉瓦尔品第"号沉没，舰长以及二百七十名官兵随船一起英勇牺牲。只有三十八人生还，其中二十七人成为德军俘虏，其余十一人在冰冷的海水中漂浮三十六个小时后才被英国船只救起。

　　事实上，敌舰并非"德意志"号，而是"沙恩霍斯特"号战列巡洋舰。两天前，"沙恩霍斯特"号和"格奈森诺"号一起驶离德国，原本计划袭击我国的大西洋护航船队，但却在半路遇到了"拉瓦尔品第"号，并将其击沉。后因担心行踪败露，它们放弃了原定计划，立刻返航回到德国。因此，"拉瓦尔品第"号与敌军的殊死搏斗并非毫

无用处。当时"纽卡斯尔"号巡洋舰就在附近巡逻,看到炮火冲天后,立即回复了"拉瓦尔品第"号发出的第一次报告,并与"德里"号巡洋舰一同赶到事发地点,发现"拉瓦尔品第"号舰身已着火,但还未沉没。它紧追敌舰,下午六时十五分,在滂沱大雨中发现了两艘舰船的踪迹。"纽卡斯尔"号认出其中一艘是敌军的战列巡洋舰,然而夜色晦暗不明,敌舰最终逃之夭夭。

把德国的"沙恩霍斯特"和"格奈森诺"号战舰引出来进行决战,是当时最受关注也是最为迫切的事,海军总司令命令整个舰队立即出动。最后一次看到敌舰时,它们正向东撤离,于是我们立刻组织了包括潜艇在内的强大舰队,计划在北海将其拦截。然而我们也不能忽略另一种可能性:敌军有可能在摆脱追击后,向西折回,重新进入大西洋。我们十分担心商船队的安全,但局势又迫使我们不得不调用一切可用力量。我们安排了海上和空中巡逻队监视北海的所有出入口,还增加了一支强大的巡洋舰部队,将监视范围扩大到挪威海岸。在大西洋的"厌战"号战列舰离开其护航队,前往丹麦海峡进行搜寻,结果一无所获。之后,它绕过冰岛北部,和在北海负责监视任务的巡逻队会合。"胡德"号、法国的"敦刻尔克"号战列巡洋舰以及另外两艘法国巡洋舰奉命驶向冰岛海域,而"反击"号以及"暴怒"号从加拿大大西洋沿岸的哈利法克斯出发前往同一目的地。截至25日,共有十四艘英国巡洋舰集结于北海之上,同时还有驱逐舰和潜艇协同作战,为战列舰保驾护航。但时运不济,我们一无所获,也没有任何迹象表明敌军在向西移动。尽管天气恶劣,我们的搜寻却持续了七天之久。

到了第五天,我们还在海军部焦急地等待着,仍抱有幻想,希望我们不会错失这一令人惊喜的战利品。就在这时,我方测向站监听到了一艘德国潜艇发送的报告。据此,我们断定我方一艘在北海航行的战舰遭到了敌军袭击。不久德国电台便报道说,普里恩舰长在击沉了"皇家橡树"号后,又在苏格兰的设得兰群岛东部击沉了一艘载有八英寸口径大炮的巡洋舰。收到这条消息时,庞德海军上将正与我在一起。英国的公众舆论对英国舰艇被击沉极其敏感。"拉瓦尔品第"号

经过顽强的战斗，不仅难逃被击沉的命运，还付出了几百条鲜活的生命，如果针对这一重创我们没有报仇雪恨的话，海军部一定会受到极大的舆论压力。"为什么？"公众一定会质问我们，"为什么不给这艘实力弱小的舰船配备强大的支援，就这样让它暴露在敌人眼前？在我方主力舰队重兵把守的封锁区，为什么德国巡洋舰还可以畅通无阻？为什么敌舰袭击了我方军舰后还能安然逃离？"

我们立即发出电报查询，以解开这个谜团。一个小时后，我们重聚在一起时，依旧没有收到回电。那段时间我们心情焦躁，坐立难安。我之所以回想起此事，是因为那时汤姆·菲利普斯海军上将也在场，他和庞德海军上将还有我，我们三人之间建立起了深厚的友谊。由于职责所在，我说："我对这件事负有全部责任。""不，责任在我。"庞德说道。在焦急和烦恼中，我们紧握着彼此的双手。经过两次世界大战的磨炼，我们的意志早已坚硬如铁，但面对如此重击，仍感到万分痛苦。

结果证明这件事情不能责怪任何人。八小时后，我们才知道涉事船只是"诺福克"号，军舰并未受损，也没有遇到任何潜艇，只是敌机投放了一枚炸弹，差点击中靠近船尾的地方。但普里恩舰长也没有夸大其词。实际上是德国的一枚鱼雷在船尾爆炸，但"诺福克"号误以为是从浓云密布的天空中投下的炸弹。当时普里恩通过潜望镜只能看到水花四溅，水花挡住了他的视线，看不到前面的舰艇。他料想会有炸弹来袭，便潜入水中。半小时后，他又浮出水面，再次窥探情况，因为视线模糊，能见度很低，没有看到巡洋舰的影子，于是便有了上述报道。刚才的消息使我们经历的痛苦烟消云散，我们终于可以如释重负，虽然在听到德军"沙恩霍斯特"号和"格奈森诺"号安全返回波罗的海的消息后有些失望，但此刻也有了些安慰。现在我们知道了"沙恩霍斯特"号和"格奈森诺"号的动向，它们于10月26日早晨穿过了我方在挪威海岸附近的巡洋舰封锁线。当时大雾弥漫，能见度低，双方都未发现对方。如果当时有现代化的雷达设备，双方定会发生遭遇战。公众对海军部的印象不好，但海洋面积是那么广袤，同时

海军要在众多领域做出巨大的努力，这一切我们都无法呈现在国内公众面前以取得他们的理解。战争已经进行了两个月，我们也蒙受了很多损失，但没有奉献优秀的表现。我们甚至无法回答：海军究竟在做什么？

第十章

TEN

磁 性 水 雷

会见海军上将达尔朗——英法两国的海军情况——康平契先生
——北方水雷封锁线——磁性水雷——扫雷方法——掌握并控制德国
的磁性水雷攻击——报复——莱茵河中的漂浮水雷——"皇家海军"
作战计划

11 月初，我前往法国与法国的海军政要就英法联合作战一事召开
会议并进行商讨。庞德海军上将与我从巴黎出发，乘车行驶了约四十
英里到达了法国海军总部。总部矗立在诺阿耶公爵的古老别墅的花园
里。开会之前，达尔朗海军上将向我解释了法国海军部的管理办法。
在我们讨论作战任务时，达尔朗不允许法国海军部部长康平契先生出
席。讨论的问题纯属专业范畴。我告诉他在英国，海军大臣和我可以
一起商谈战事，不分彼此。达尔朗说他知道这一点，但法国的情况有
所不同。"但是，"他说，"部长先生将与我们共进午餐。"之后我们就
许多海军事务展开了长达两个小时的讨论，并在很多问题上达成了一
致。午餐时，康平契先生来了。就座后，他开始热情地招待我们用餐。
我的女婿邓肯·桑兹当时是我的副官，就坐在达尔朗身旁。在就餐的
大部分时间里，达尔朗海军上将都在向他解释法国文官部长受制于政
治制度的弊端。离开之前，我前往别墅拜访公爵。尽管他和他的家人
忧心忡忡，但还是带我们参观了他们富丽堂皇的别墅和众多艺术珍宝。

晚上，我在丽兹饭店的包间设了个小型晚宴招待康平契先生。我
对此人颇为敬仰。他不仅是个爱国、热忱和睿智之人，更让我动容的
是他奋战到底的意志。我不由自主地在心里暗暗把康平契先生和海军
上将达尔朗做比较，达尔朗小心地维护着自己的地位，与我们的奋斗

史大相径庭。尽管达尔朗对法国海军的贡献有目共睹，但庞德海军上将对他的看法和我一致。当然，我们不应该低估达尔朗，也不应该误解他前进的动机。他视自己为法国海军的化身，而法国海军也视他为领袖，把他看作复兴法国海军的领路人。他担任现职已有七年之久，但有名无实的海军部部长却时常更换。他一直让政客们做好分内的事，即在议会上高谈阔论。我和庞德、康平契相处融洽。康平契是一个性格刚毅的科西嘉人，从不畏缩，永不言败。1941 年初他逝世时，当时维希政府经常斥责他，令他身心俱疲。他在弥留之际的遗言中对我寄予厚望。这是我毕生的荣幸。

在会议上，我总结了现阶段我方海军的部署，声明内容如下：

致法国海军部的声明

1. 英国现在仅有海上战争已全面展开，战况激烈。1917 年德国潜艇对我国贸易的打击，几乎使我国一蹶不振，所幸后来英法反潜舰艇控制住了战局。我们可以预料到，德国潜艇数量必然会大大增加（苏联可能会把自己的潜艇借给德国一部分）。但只要我们能尽快行动起来，采取最大规模的应对措施，便无须为德国潜艇的数量而担忧。海军部的代表们将会向我们详细说明他们的大规模造船计划，但这些计划要到 1940 年末才能全部实施。同时，必须确保每一艘可用的反潜舰艇能够完工，并投入战场。

2. 毫无疑问，我们的潜艇探测器十分有效，其性能优于第一次世界大战中所有的仪器设备。装备了潜艇探测器，现在两艘鱼雷快艇就可完成 1917 年到 1918 年间十艘鱼雷快艇的任务。数量对商船队而言仍十分重要。为了保证商船队的安全，护航舰必须配备潜艇探测器。这同样也适用于战舰。要想击败德国潜艇，那么在英法舰艇遇袭后，就必须派出装有潜艇探测器的舰艇给予反击，方可成功。

每一艘法国反潜舰艇都要装备英国海军部提供的潜艇探

测器。此项费用开销不大，可日后结算，但应当马上着手准备给所有开往英国的法国舰船安装潜艇探测器。我们要把使用方法传授给每一艘舰船，并对他们进行培训。位于英吉利海峡的波特兰港是潜艇探测器的诞生地，有现成的设备可供使用，所以在波特兰港进行最为便利。如果法国方面同意，我们可为五十艘法国舰艇提供该设备。

3. 但我们由衷地希望配备潜艇探测器的法国舰艇数量能够大大增加，能在 1940 年参战的舰艇应以最快速度完工。这一切安排稳妥后，1941 年的事可以六个月后再行考虑。目前，我们只需考虑 1940 年的事，而以春夏两季最为重要。在 1940 年潜艇战到达高峰之前，我们在 1936 年到 1937 年间建造了六艘大型驱逐舰，我们必须把它们组织起来进行远洋护航。此外还有十四艘小型驱逐舰是在 1939 年开始建造或现在正在筹建的，它们不需要花费大量人力物力，就能在海洋上发挥出巨大的作用。这样一来，1940 年一共可建成二十艘驱逐舰。在我方为其装备潜艇探测器后，它们就可以成为粉碎 1940 年潜艇攻势的制胜法宝。同时我们也冒昧地认为，以下是我们最为需要的贵国舰艇，即分别于 1936 年和 1937 年设计建造的六艘和十二艘单桅扫雷艇，以及 1938 年设计建造的十六艘猎潜艇。我们将为以上所有舰艇配备潜艇探测器及其他设备。舰艇一旦交付，我们要像对待作战任务一般对其进行改装。但小型舰艇在重要性上无法和上述驱逐舰相比。

4. 我们不能忘记，一旦我们击溃敌方潜艇，盟国舰队便可称霸海洋，也可能得到中立国的支援，还可以利用英法两个帝国的资源来维持贸易，积累必要的资本来支持继续作战。

5. 英国海军部对 1940 年内可以完工的和稍晚才能完工的大型舰艇划分了明确的界限。特别值得一提的是，我们要竭尽全力在 1940 年内（最好是在 1940 年秋季）建成"英王乔治五世"号和"威尔士亲王"号战列舰。我们必须尽快建成

这两艘战列舰，因为在它们尚未建好之前，如果"俾斯麦"号突然出现在海洋上，那么后果将不堪设想，而我们又无力将其俘获或摧毁，只能任它在海洋上畅行无阻，破坏所有海上运输。但法国也有一艘重要的战列舰"黎歇留"号，这艘战列舰最迟可在1940年秋或更早的时候完工，如果意大利的两艘舰艇在1940年能如期完成，那么"黎歇留"号将更不可或缺。如果这三艘主力舰都无法在1940年末参战，这将是英法海军部犯下的巨大战略失误，届时不仅仅是海事方面，甚至在外交方面也会产生不利的影响。因此，我们希望法国全力以赴尽早建成"黎歇留"号。

至于英法海军之后建成的其他主力舰，我们不妨到明年四五月再作讨论，那时战争的形势和性质将会更加明朗。

6. 英国海军十分感谢法国同僚，感谢他们从战争初期便为了我们的共同目标而给予我们极大的帮助。这些帮助都是非常可贵的，已经远远超过了战前的承诺或协议约定的范围。在护送我国商船队从西非国家塞拉利昂回到英国一事上，法国派出的驱逐舰以及巡洋舰起到了无可替代的作用。没有他们的帮助，盟国船队一定会蒙受更大的损失。巡洋舰、扫雷艇还有"敦刻尔克"号，共同护送商船队到达西部入海口，而且在当时它们也是击退德国袭击舰的唯一力量。驻守在西印度群岛特立尼达附近的法国潜艇也是备受欢迎。虽然我们的海军军力强大，而且在不断发展之中，但依旧十分紧张，尤其要提及的是一直往返于直布罗陀和法国布雷斯特之间护航的两艘法国驱逐舰，它们极大地分担了我方海军的压力。

最后，我们十分感激法国"阿尔戈斯"号航空母舰提供的种种便利，让英军能在地中海适宜的气候下训练英国海军飞行员。

7. 接下来说说更为普遍的战争形势：因为敌方海军没有作战限制，我们不得不将海军力量分散于海洋各处。我们现

在有七八支搜寻舰队，此外还有两支法国搜寻舰队，每一支舰队都有俘获或者摧毁一艘类似"德意志"号军舰的能力。目前我们在北大西洋、南大西洋和印度洋海域巡航。在开战前，我们认为商船队一定会受到袭击，但实行巡航制度后，商船队并未受到袭击舰的攻击。事实是，有一到两艘堪比"德意志"号的舰艇曾经出没于大西洋的主要贸易航线上，却每每空手而归，因此之前我们认为岌岌可危的事情，现下却没那么让人担心。当然也不排除它将来有可能声势浩大地卷土重来。英国海军部完全同意将大型舰艇编组为规模适合的舰队，将其广泛部署于不会受到空袭的海洋上，并帮助盟国在广阔海域取得切实有效的制海权。

8. 不久之后，我们便会安排运送加拿大和澳大利亚的先头部队到法国，为了完成任务，必须广泛部署我们所有的搜索舰队。对于一些横渡大西洋的大型商船队，我们必须安排战列舰为其护航。尽管冬季天气恶劣，但我们依旧打算维持从格陵兰岛到苏格兰岛的北部封锁线。我们需要动用二十五艘由商船改装而成的巡洋舰在这条封锁线上轮流巡逻，四艘万吨级配有八英寸口径火炮的巡洋舰从旁协助。此外，我们还始终保留了英国海军的主要战斗力，即最新式战舰"胡德"号和另一艘巨型战舰。有了这两艘战舰，即使是敌方的"沙恩霍斯特"号和"格奈森诺"号企图冲破封锁线，我们也可应战。考虑到波罗的海的形势，我们认为敌人不可能派出这两艘战舰。无论如何，我们依旧会保留足以与其对抗的海军力量。

我们希望两个盟国的海军都能继续维持该策略，这样就不会诱使意大利卷入战争与我们为敌。我们还希望可以终结德国的敌对势力。

海军大臣

法国海军部在回信中提到，他们确实正在加速建造上述舰艇，对我们为其装备潜艇探测器的提议也欣然接受。另外，1940 年夏天"黎歇留"号便可完工，同年秋天"让·巴尔"号也将建成。

*   *   *

早在 1917 年到 1918 年间，英法两国海军部就已经在苏格兰与挪威之间敷设了水雷封锁线，而在今年 11 月中旬，庞德海军上将向我提议重新敷设这条封锁线。我不喜欢此类防御性的作战方法，它会消耗大量资源并可能取代主要行动。但我渐渐被说服并接受了这种方法。11 月 19 日，我向战时内阁呈交了此项计划。

北部水雷封锁线

经过反复考虑，我向我的同僚们提出了这项计划。显然，这项计划的完成将有力地拦截德国潜艇以及水面袭击舰。采取这种比较谨慎的做法，能够切实预防潜艇战愈演愈烈，也能切实防止苏联加入到敌对势力中。我们可以通过这项计划封锁敌舰，完全掌控进入波罗的海以及北海的所有入口。这种进攻性水雷封锁线的优势在于，若是派遣强大的海军时刻保持警戒，就可阻挡敌军，使他们无法扫除水雷和打通航道。水雷区建成后，我们在外海开展行动应当会比目前自由的多。我们坚持不懈地慢慢拓展水雷区这一计划，最终会被敌军得知，这必将打击其士气。美中不足之处是这项计划花费过大，但财政部已经下拨巨款，北部水雷封锁线是使用这种战争策略（以布雷为例）的最佳地点。

这项计划代表了最专业的意见，当时的内阁严明而睿智，因此很容易就通过了这个方案。但后来战事的发展曾使它被搁置一边，而此时大量财政拨款已被用光。然而在之后执行任务时，我们发现这条水

雷封锁线还是能派上用场的。

*   *   *

现在，我国又受到了新的致命威胁。尽管我们已经在各个港口入口处进行了扫雷工作，但在 9 月和 10 月，仍有十二艘商船在那里沉没。海军部随即怀疑敌军使用了磁性水雷。我们对磁性水雷并不陌生，因为在第一次世界大战结束时，我方也曾在小范围内使用过这种武器。1936 年，海军部下属的一个委员会就已经研究了抗磁性引爆装置的方法。然而，当时该项工作的重点在于解决磁性水雷以及浮雷问题，忽视了舰艇以及飞机投放大型深水水雷而造成的致命危害。如果没有水雷样品，就无法对症下药，进而找到补救办法。水雷给盟国以及中立国家造成了巨大损失，在 9 月和 10 月，我们损失的舰艇已有五万六千吨。11 月，得意忘形的希特勒竟然大放厥词，暗示他的新式"秘密武器"天下无敌。一天晚上，神色慌张的庞德海军上将来找我。原来有六艘船在泰晤士河入口处沉没。我们每天都有上百艘船只络绎不绝地往返于英国各个港口，这是我们的主要贸易航线，也是我们赖以生存的基础。希特勒的专家一定告诉了他，这种袭击可以置英国于死地。但万幸的是，德国的水雷储备数量和制造能力十分有限，希特勒一开始只是在小范围内使用这种武器。

命运之神还是更眷顾我们。11 月 22 日晚上九点到十点之间，在舒伯里内斯附近海域，有人看到有一架德国飞机投掷了一枚附在降落伞上的巨大物体。那里的海岸周围正好是一片泥沼，潮水退去，泥潭就露出了水面。因此无论敌机投掷的是何物，等到水位下降，我们便可立即进行勘探和打捞，事情便可水落石出。这真是千载难逢的大好机会。皇家海军舰艇"弗农"号负责研发水下武器，乌弗里和路易斯海军上尉分别是任职于该舰的两名技术精湛的军官。当晚午夜之前，他们被召集到海军部，在那里我和第一海务大臣接见了他们，并听取了他们的计划。次日凌晨一点半，他们驱车前往英格兰东部的绍森德，执行危险的打捞任务。23 日拂晓前，趁着夜色，他们仅凭一盏信号灯在约五百码的水下发现了敌军的水雷，但当时正值涨潮，他们只能略微查看一番并做好准备，等待涨潮过后再做处理。

下午很早的时候，危险的打捞行动开始了，这时他们发现在距离第一枚水雷不远处的泥沼里还有第二枚水雷。鲍德温上士和乌弗里处理第一枚水雷时，为防止意外发生，他们的同事刘易斯海军少校与一等水兵维恩库姆在安全距离外等候。每完成一项预定任务，乌弗里都会发出信号示意刘易斯，最后需要四个人一起才妥善解决了第一枚水雷。他们精湛的拆雷技术和坚持不懈的工作热情得到了巨大的回报，从中获得的经验极大地帮助了第二枚水雷的拆卸工作。当晚，乌弗里海军上尉一行人来到海军部汇报，称他们已经打捞起了完整的水雷，现在正运往英格兰东南部的朴次茅斯进行进一步检测。我热情地接见了他们，还召集了八十到一百名军官及其他官员到海军部最大的会议室，听乌弗里讲述打捞水雷的惊险故事。由于深知其重要性，听众的表情都十分激动。从这时起，整个局势发生了变化。我们能够及时将过去研究所得的知识运用到实际中去，制定出切实可行的方法来对付这种性质特殊的水雷。

我们动用了海军所有的力量与技术，没过多久，我们的试验便取得了切实可行的研究成果。威克·沃克海军少将奉命协调当时所需的种种技术措施。我们立即展开全面工作：首先是主动出击，使用新式扫雷手段以及雷管引爆装置解决水雷问题；其次是被动防御，在未经扫雷或扫雷不彻底的航道，所有舰船都要防御可能遇到的水雷。为了第二个目标，我们研发了一种在船身上用电缆缠绕从而使船只消磁的有效办法，叫作"消磁法"。我们将其应用到了所有船只上。在没有耽搁他们的行程的情况下，我们立即给各主要港口的商船都装备了这类设备。由于有受过强化训练的皇家海军技术人员加入，舰队工作得以简化。

＊　　＊　　＊

严重的舰艇损失事件仍在继续发生。11 月 21 日，"贝尔法斯特"号新型巡洋舰在福斯港遭到水雷袭击。12 月 4 日，"纳尔逊"号战列舰在驶入苏格兰尤湾时触发水雷。不过这两艘舰艇都能继续行驶到一个有修船厂的港口。在这一时期，我们损失了两艘驱逐舰。不仅如此，除了"探险"号布雷艇外，还有两艘舰艇在东海岸地区受损。值得一提的是，关于"纳尔逊"号的受损、修复和重新参战一事，由于我方保密措施做得极好，德国情报机关竟然自始至终都不知情。要知道从一开始，"纳尔逊"号负伤的事在英国就已人尽皆知了。

根据经验，我们又想到了更为简便的新型消磁方法，极大地鼓舞了我方士气。正是因为扫雷艇坚持不懈的工作、技术专家的兢兢业业和高超的技术，成功地设计并提供了扫雷艇所需的设备，我们才能击溃敌人。此后，尽管我们还是会遇到许多危机时刻，但水雷产生的威胁却一直在我们掌控之中，其威胁也在逐渐减少。圣诞节之际，我致信首相：

> 此时时局一片平静。我们在对付磁性水雷方面已经取得了巨大的成功，我想您得知这一消息一定会十分高兴。最初两种用于爆破水雷的装置均被证明十分有效。磁性扫雷器引爆了两枚水雷，两艘配有粗电缆线圈的驳船炸毁了另外两枚。这是发生在 A 港口（尤湾）的情况，等航道清扫完毕后，我们"有趣的病号"（"纳尔逊"号）就会返回朴次茅斯"疗养院"。此外，战舰以及商船的消磁似乎还有一个简便、快速而又经济的方法。我们马上就能找到更好的消磁方法。消磁船"博尔德"号将在未来十天内投入使用，我们都十分确信磁性水雷的威胁不日将会解除。

针对此类袭击方式可能出现的变种，即音响水雷和超声波水雷，也在我们的研究之中。有三十名专家正满怀激情地探寻其可能性，但我还不敢说他们已经找到了解决方案。

1939 年 12 月 25 日

我们有必要对海军战争这方面的问题多加考虑。我们为战争做出的大多数努力都曾放在对付水雷上，且调拨了大量本来用于其他任务的物资来进行此项工作，还有上千人夜以继日地冒着生命危险在扫雷艇上工作。当时有六万人受雇从事此类工作，1944 年 6 月这一人数更是达到了顶峰。商船队伍的锐气势不可挡：随着水雷袭击愈发复杂严重，我方也拿出了愈发有效的反击措施，士气也随之高涨起来，是他们不懈的努力和持之以恒的勇气拯救了我们。我们赖以生存的海上交通并未因受到影响而中断。

最初，磁性水雷的威力使我震惊。我们不得不采取防御措施，但我也在寻找机会报复德军。战争前夕，我曾去视察过莱茵河，我非常重视德国这条至关重要的运输大动脉。早在 9 月，我就已经向海军部提议在莱茵河投掷漂浮水雷。但考虑到莱茵河是很多中立国家的交通要道，所以，除非德国先不择手段对我们发动此类战争，否则我们断不能轻易采取这种行动。现在，既然德国已经先发制人，率先在英国各个港口的出入口处投放水雷、肆意炸毁船只，那么在我看来，在莱茵河上也可以进行类似的反击，我们正当的报复就是在莱茵河某处进行威力更大的水雷袭击。

因此，11 月 19 日，我就这个计划签署了几份节略，以下节略是内容最为翔实精确的一份：

致海军部军需署长（及其他人员）：

1. 作为一种报复手段，我们必须要在莱茵河上投放大量漂浮水雷。从法国东北部的斯特拉斯堡到劳特河的左岸为法国领土，所以这项工作可在任意一段水域轻松完成。甘末林将军对这一想法兴趣十足，让我为他拟订一份计划。

2. 我们要仔细观察自己的目标。莱茵河上的大型驳船络绎不绝，是德国贸易和人民生活的命脉。这些驳船没有双龙骨，也没有大分舱，只适用于河道作业。要了解这些细节易如反掌。此外，莱茵河上近期架设了至少十二座船桥，都是集结于德国西南部萨尔布吕肯—卢森堡地区的德军必需使用的。

3. 因此，我们要求的水雷为小型水雷，大小不得超过一个足球。莱茵河的水流流速最快约为每小时七英里，平时流速为每小时三四英里，具体流速可轻松测出。因此，我们必须在水雷上安装计时器，使水雷漂到某个特定距离后再爆炸，这样可以让爆炸远离法国国土，也可将水雷的威慑范围扩展到莱茵河下游直至莱茵河与摩泽尔河的交汇处，甚至是更远的地方。有了计时器，水雷应当在到达荷兰领土之前自行下沉，或者最好能自行爆炸。在水雷漂到指定水域后，轻微触碰便可引爆水雷。除此之外，水雷最好在搁浅一段时间后再自动引爆，这样便可在德国海岸轻松营造出恐怖的气氛。

4. 此外，水雷必须漂浮在水下适当距离，这样就算涨潮，敌人也不会发现。我们还应当设计一种由压缩空气的小型气筒推动的水压活塞。我没有计算过，但我认为它最少要工作四十八小时。同时，还可以向河中投掷大量的球类物体（例如铁皮空壳）以迷惑敌人，就算敌军想要设法预防也无从下手。

5. 他们会对此采取什么措施？显然他们会在河道上铺设铁丝网。但从上游漂下来的船只残骸会将其冲毁，而且除了在边境地区，这种铁丝网会对水上交通造成极大不便。无论如何，就算我们的水雷被铁丝网拦住，它们也能自行引爆，在铁丝网上炸出一个大洞，在经过十二次或者更多次的此类爆炸之后，航道又能畅通无阻，其他水雷又可顺流而下。特别是我们可以使用大型水雷炸开铁丝网。除了铺设铁丝网外，我认为别无他法，但负责此事的军官也许另有高见。

6. 最后，由于我们所需要的水雷数量巨大，而且敷设水雷的工作需花费数月之久并且只能在夜间进行，所以我们必须谨记制造水雷的方法越简单越好，以便批量生产。

战时内阁对这一方案十分满意。在他们看来，如果德军使用磁性水雷袭击盟国或中立国家所有进入英国港口的船只，那么作为反击，我们也应当以其人之道还治其人之身，瘫痪莱茵河的繁忙航运，这种报复方式是合乎情理的。获得了允许以及必要的优先权后，我们就迅速展开了相关工作。参加制订联合计划的还有空军部，他们计划使用飞机在莱茵河的鲁尔段投放水雷。菲茨杰拉德海军少将当时任职于第五海务大臣麾下，我把这些工作全权委托给他负责。他是个足智多谋的军官，为海军做出过卓越贡献，后来在指挥大西洋护航队时不幸殉职。我们已经解决了技术上的问题，又可以保证足够的水雷供应，等到时机成熟，就可组织上百名熟练的水手和水兵执行布雷任务。

以上均为 11 月时局的情况，1940 年 3 月份之前还无法准备就绪。无论是战时还是和平时期，为我方筹划一些有帮助的积极措施总是令人十分愉快。

第十一章

ELEVEN

拉普拉塔河口行动

德国袖珍战列舰——德国海军部的命令——英国搜索舰队——三百英里的美洲安全区域——"德意志"号谨慎行动——"施佩伯爵"号无所顾忌——舰长朗斯多夫的策略——朗斯多夫的错误决定——"埃克塞特"号的命运——德国袖珍战列舰撤退——"施佩伯爵"号逃入蒙得维的亚港——12 月 17 日致首相的信——英舰在蒙得维的亚集结——朗斯多夫接到希特勒命令——朗斯多夫自杀——拉普拉塔河河口外战争的影响——我给罗斯福总统的电报

尽管我们饱受德国潜艇威胁，遭遇了巨大的损失和风险，但如果不能解决接二连三的海上袭击舰的问题，对我们的海上贸易造成的危害将更为可怕。德国按照《凡尔赛和约》的要求，在一万吨排水量的限制下，别有居心地建造了三艘袖珍战列舰，早在设计之初，便计划将其打造为袭击商船的战舰。这三艘战列舰配有六门十一英寸口径的大炮，航速达每小时二十六海里，英国没有一艘巡洋舰可与其相提并论。德国装备八英寸口径大炮的巡洋舰更是比我们的先进，如果德军将其用来袭击商船，其威胁将不容小觑。除此之外，敌军可能还会使用经过伪装的武装商船。我们对 1914 年发生的"埃姆登"号和"柯尼斯堡"号的劫掠事件仍然记忆犹新，那时我们不得不集结三十多艘战舰以及武装商船与之对抗。

在新一轮战争爆发前，就有谣言称德国至少已经派出了一艘袖珍战列舰。但本土舰队搜寻后一无所获。现在我们才知道，"德意志"号和"施佩伯爵"号早在 8 月 21 日至 24 日间已经从德国出发，在我们设立封锁线及组织北海巡航之前，它们就已经穿过了危险地带，肆

无忌惮地在海洋上任意航行。9 月 3 日，"德意志"号穿过丹麦海峡，埋伏在格陵兰岛附近。"施佩伯爵"号悄悄穿过北大西洋的海上贸易航线，一路向南到达了葡萄牙的亚速尔群岛以南更远的地方。这两艘德国战舰都配有一艘向其提供燃料及补给的辅助舰一路同行，一开始它们没有采取任何行动，只是隐没在浩瀚的海洋中伺机而动。它们只要发动袭击，必能获得战利品；而如果按兵不动，它们也不会遇到危险。

德国海军部 8 月 4 日签署的命令实属真知灼见：

战时任务

要采取一切手段阻挠、破坏敌人的贸易运输。即使敌人的海军实力稍逊一筹，但只有在对主要任务的完成有利时，方可与其交战。

对于频繁变换交战地点一事，即使这种做法不能取得明显效果，也能让敌军无法预测我们的行动，还能限制敌军商船的运输作业。而暂时驶离战区，前往远海则更能迷惑敌军。

如果敌人出动了重型军舰护航，使我们无法获胜，但仅就限制敌人的航运来说，我们也已经对其供给造成了极大危害。如果袖珍战列舰继续留在敌人的护航区，我们也能取得有价值的战果。

以上见解，英国海军部也不得不啧啧称赞。

* * *

"克莱门特"号是一艘排水量为五千吨的英国邮轮。9 月 30 日，它独自出海驶离巴西东北部伯南布哥时被敌军的"施佩伯爵"号击沉，这一消息震惊海军部上下。这正是我们等候已久的信号。我们立刻组织了多支搜索舰队，集结了我方所有可用的航空母舰，另有战列舰、战列巡洋舰和巡洋舰从旁协助。每支搜索舰队都由两艘或者两艘以上的战舰组成，都有能力拦截或者击沉一艘袖珍战列舰。

在接下来的几个月内，为了搜索两艘袭击舰，我们组成了九支搜索舰队，共计二十三艘强大战舰。此外，在至关重要的北大西洋商船队，我们还增设了三艘战列舰和两艘巡洋舰承担额外的护航任务。而这些要求意味着我们要从本土舰队以及地中海舰队抽调包括三艘航空母舰在内的十二艘最强的舰船，这将大大削弱这两支舰队的实力。我们的基地遍布大西洋与印度洋海域，因此舰队的搜索范围可以覆盖我方船只途经的重点区域。如果敌军要袭击我方商船，它们至少会经过我方某支搜寻舰队的搜索范围。为了让大家了解这次搜索行动的规模，我列出了一张表格，详细列举搜索行动达到顶峰时参与搜寻的舰艇。

搜索舰队表（1939 年 10 月 31 日）

舰队编号	舰队组成			负责区域
	战列舰以及战列巡洋舰	巡洋舰	航空母舰	
F		"贝里克"号 "约克"号		北美洲以及西印度群岛
G		"坎伯兰"号 "埃克塞特"号 "埃贾克斯"号 "阿基里斯"号		南美洲东海岸
H		"苏塞克斯"号 "什罗普"号		好望角
I		"康沃尔"号 "多塞特"号	"鹰"号	锡兰
J	"马来亚"号		"光荣"号	亚丁湾
K	"声望"号		"皇家方舟"号	伯南布哥—弗里敦
L	"反击"号		"暴怒"号	大西洋护航队

续表

| 舰队编号 | 舰队组成 | | | 负责区域 |
	战列舰以及战列巡洋舰	巡洋舰	航空母舰	
X		法国两艘配有八英寸口径大炮的巡洋舰	"竞技神"号	伯南布哥—达喀尔
Y	"斯特拉斯堡"号	"海王星"号 法国一艘配有八英寸口径大炮的巡洋舰		伯南布哥—达喀尔

北大西洋护航队增设的护航舰：
战列舰："复仇"号、"决心"号、"厌战"号
巡洋舰："绿宝石"号、"企业"号

* 　 * 　 *

　　在这个时期，美国政府的首要目标是竭力使战争远离本国海岸。10月3日，二十一位来自美洲各国的代表齐聚巴拿马，宣布设立一个美洲安全区，规定在距离他们的海岸三百到五百英里的范围内禁止战争行为。我们急切地想要施以援手，让战争远离美洲海域，因为在某种程度上，这对我们也十分有益。因此，我立即告诉罗斯福总统，如果美国想让所有参战国尊重这个安全区，那么我们会立即答应他的请求——当然，前提是尊重我们按国际法规定应该享有的权利。如果能有效维护这个安全区，我们并不在意该安全区向南部会延伸到什么地方。如果这一安全区只由几个弱小的中立国家警戒维护，那么我们就很难接受这一提议；但如果由美国海军接手，那我们便可十分安心。沿着南美海岸巡逻的美国战舰越多，我们就越开心；因为我们正在搜寻的德国袭击舰，有可能会因此而离开美洲海域，前往南非的贸易航线，而我们在南非已经提前做好了准备。但如果敌军的袭击舰在美洲安全区域发起攻击或试图逃入安全区内避难，我们希望可以在那里得到保护或允许我们进行自卫，免受其害。

10月5日到10日之间，我们有三艘舰船在好望角航线上被敌军击沉。但我们还没有收到确切消息。这三艘舰船在回国途中均没有护航队跟随。它们也未发出求救信号，只是因为逾期仍未返航才引起了怀疑。过了许久，我们才确定是敌军将它们击沉了。

　　必须要分散我们的海军兵力，这让我和其他人都感到颇为焦虑，特别是在我们的主要舰队藏身在英国西海岸的情况下，更是如此。

致第一海务大臣及海军部副参谋长：

　　"舍尔"号最初出没于伯南布哥海域，后来行踪成谜，没人知道它在哪儿，也没人知道它为何不袭击商船。我们不禁想问，德国是否想要大范围分散我们剩余的舰船？如果确实如此，那么意图何在？正如第一海务大臣所说，他们理应希望将我方舰船集中在英国海域，因为空袭目标集中。此外，对于"舍尔"号出没于南大西洋海域的传言，我们会做何反应，他们又怎能知道？德国的所作所为看似无意为之，但德国远不是一个会打无理由之仗的民族。你可以确定这就是"舍尔"号而不是敌人的一个圈套或假消息吗？

　　我听到德国无线电台口出狂言，声称正在把我方舰队驱逐出北海海域。虽然德国一向谎话连篇，但就目前情况而言，这种说法却并不如以往那般虚假。因此，我们可能会在东海岸地区受到敌军水面舰艇的威胁。可否派遣我方潜艇到海外，部署在敌人可能进犯的航线上？此外可能还需派遣一艘驱逐舰加以保护，进行侦察活动。敌军的部署地点应该在我们的拖网渔船的监视范围以外。将来可能会有变故发生，但我们已经退后了一定距离以争取时间。

　　我是最讨厌挑起"入侵恐慌"情绪的人，从1914年到1915年间，我曾不断地与其抗争。但参谋长委员会最好还是多加考虑，例如，两万敌军渡海而来，在沿岸有深水港的哈里奇或者韦伯恩登陆，后果将会如何？对霍尔·贝利沙先生

而言，这两万敌军可能会使他对大军所做的训练比目前预期
的效果还更具现实意义。现在冬日夜长昼短，容易给敌人可
乘之机。陆军部针对这种意外事件是否做好了部署？记住我
们目前在北海的地位。我并不认为这种事情一定会发生，但
客观上还是有可能发生的。

1939 年 10 月 21 日

　　"德意志"号原本打算袭击我国横渡西北大西洋的生命线，但在
对接到的指令进行了谨慎的思考之后，"德意志"号在它两个半月的
巡航期间并未接近我方的护航队。它竭尽全力地想要避开英国海军，
因此只击沉了两艘船，其中一艘为挪威的小船。第三艘船为美国的
"弗林特"号，在载着一船货去英国的途中遭德军俘获，但后来在挪
威的一个海港被释放。11 月初，"德意志"号便再次穿过北极海域返
回德国。但正如德国预期的一样，这样一艘重型战舰出没于我国主要
贸易航道上，的确对我国北大西洋海域的护航舰队以及搜索舰队造成
了极大的压力。事实上，比起"德意志"号神出鬼没的行动，我们更
希望它公开活动。

　　"施佩伯爵"号更加无畏，作战也更加出其不意，很快就成了南
大西洋上的焦点。实力强大的盟国海军也开始于 10 月中旬在这一广阔
的海域行动。一支由航空母舰"皇家方舟"号以及战列巡洋舰"声
望"号组成的舰队，以西非弗里敦为据点展开了行动，并与以西非达
喀尔为基地的法国的两艘重型巡洋舰以及英国航空母舰"竞技神"号
联合行动。好望角由两艘重型巡洋舰"苏塞克斯"号和"什罗普"号
负责，而海军准将哈伍德的舰队负责南美洲东海岸的交通要塞拉普拉
塔河与里约热内卢，其舰队包括"坎伯兰"号、"埃克塞特"号、"埃
贾克斯"号和"阿基里斯"号。新西兰军舰"阿基里斯"号主要由新
西兰人掌控。

　　"施佩伯爵"号的行动方案是先在某一海域短暂露面，找到猎物
后，又隐匿至茫茫海洋之中。它第二次出现的地点是在好望角航线以

南海域,只击沉了一艘船,在之后的近一个月时间里再次销声匿迹。其间,我方的搜索舰队搜遍了这一区域,并命令驻印度洋海域的舰队保持特别警戒。事实上,"施佩伯爵"号的目的地便是印度洋海域。11月15日,在马达加斯加岛和非洲大陆之间的莫桑比克海峡,它只击沉了一艘英国小型油轮。因此,我们断定它出现在印度洋海域就是为了声东击西,其目的是将我方搜索舰队引至那里。作为一位富有经验的高级舰长,"施佩伯爵"号舰长朗斯多夫在策略得逞后就迅速从印度洋折返,绕过好望角南部,重新潜入大西洋。敌军这一行动并未出乎我们的意料,但由于敌军撤退得太快,导致我们的拦截计划落空。海军部对于敌人到底有一艘还是两艘袭击舰全然不知,因此我们只能在印度洋和大西洋海域两地展开搜索。那时我们还以为"施佩伯爵"号是"舍尔"号的姊妹舰。然而我方被迫采取的措施根本应付不了敌人精心部署的军事力量,这令人十分烦恼。我回忆起了1914年12月在忧虑中度过的那段日子,当时正值科罗内尔海战之后、福克兰群岛海战之前,那时我们必须在太平洋以及南大西洋上的七八个地方同时做好准备,以应对冯·施佩海军上将率领的"沙恩霍斯特"号和"格奈森诺"号的到来。二十五年过去了,我们面临的令人困惑的难题并未改变。所以,当"施佩伯爵"号再次在好望角—弗里敦航线现身时,谜团揭开了,我们这才如释重负,尽管它在12月2日击沉了我方的两艘船,在12月7日又击沉了一艘。

*　　　*　　　*

战争伊始,我们便特别派遣海军准将哈伍德负责拉普拉塔河以及里约热内卢海域的英国航运。他认为拉普拉塔河的战利品极为丰厚,因此,"施佩伯爵"号迟早会前来进犯。经过深思熟虑,他拟定了将来在遭遇战时要采取的战术策略。此外,他麾下拥有装备八英寸口径大炮的巡洋舰"坎伯兰"号和"埃克塞特"号、装备六英寸口径大炮的"埃贾克斯"号和"阿基里斯"号巡洋舰,不但可拦截敌舰,更能

将其彻底摧毁。但由于燃油补给以及休整问题，四艘战舰不太可能在计划的那天同时出战。果真如此，那事态便有待考量。哈伍德一听到"多里斯明星"号于12月2日遭敌军击沉的消息后，就做出了正确的预测。虽然"施佩伯爵"号远在三千英里以外，但哈伍德料定它会驶向拉普拉塔河。哈伍德聪明过人，运气也极好，他预测"施佩伯爵"号将于13日到达，于是下令让所有战舰于12月12日全部前往拉普拉塔河。可惜"坎伯兰"号因正在福克兰群岛检修而未能前往。13日一早，"埃克塞特"号、"埃贾克斯"号和"阿基里斯"号便全部集结在拉普拉塔河河口的中心航道上。不出所料，早上六时十四分，东方飘起了黑烟。期盼已久的遭遇战一触即发。

在"埃贾克斯"号上，哈伍德指挥我方战舰从各个方向远距离攻击这艘袖珍战列舰，使敌人难以招架，无法集中炮火对付我方战舰，然后哈伍德带领他的小型舰队以最快速度靠近敌舰。"施佩伯爵"号舰长朗斯多夫起初以为只需对付一艘轻型巡洋舰和两艘驱逐舰，所以也全速前进；但没过多久，他便了解了对手的实力，他明白这将是一场殊死搏斗。双方舰队现在正以将近五十英里的时速靠近。留给朗斯多夫做决定的时间只有一分钟。此时他正确的选择应该是掉转方向迅速离开，以便尽可能长时间地让对手保持在自己的十一英寸口径大炮的射程之内，这样英国战舰就无法开炮还击。如此一来，"施佩伯爵"号便可肆无忌惮地开炮，一边加速驶离战场，一边迫使对手减速，拉开双方距离。这样，在我方开炮之前，他就能成功击毁我方一艘战舰。但"施佩伯爵"号的决定恰恰相反，"施佩伯爵"号舰长朗斯多夫决定继续向"埃克塞特"号前进。双方几乎在同一时刻开始交战。

事实证明海军准将哈伍德的战术是正确的。交战之初，"埃克塞特"号上所有的八英寸大炮同时发射，击中了敌舰"施佩伯爵"号。与此同时，两艘装有六英寸口径大炮的巡洋舰也发起了猛烈攻势。但很快，一枚炮弹击中了我方的"埃克塞特"号，不但击毁了B号炮塔，破坏了舰桥上的所有通信，舰桥内的工作人员伤亡惨重，还让该舰在短时间内失去了控制。然而就在这时，我方两艘配有六英寸口径

大炮的巡洋舰也对敌舰发起了猛烈攻击，吸引了"施佩伯爵"号的注意力，迫使它掉转炮口进行还击，这样"埃克塞特"号在危急时刻有了一个喘息的机会。敌舰"施佩伯爵"号受到三面夹击，当它发现英国战舰火力凶猛，便放出烟幕弹，掉头准备逃跑，显然是想要驶向拉普拉塔河方向。其实，"施佩伯爵"号舰长朗斯多夫早该如此。

"施佩伯爵"号掉转方向后，再次遇到了之前被其十一英寸口径大炮重伤的"埃克塞特"号，于是"施佩伯爵"号再次向"埃克塞特"号发起了攻击。"埃克塞特"号所有的前主炮均遭到毁坏，船身燃起了大火，并严重倾斜。舰桥爆炸时，舰长贝尔并未受伤，他召集了两三名军官与他一同前往后面的控制台，仅凭一座完好的炮台与敌军交战，一直坚持到炮塔被毁不能继续作战，那时正值晚上七时三十分。对此，贝尔舰长也别无他法。七时四十分，"埃克塞特"号只能掉头离开，退出了战斗。

这时"埃贾克斯"号和"阿基里斯"号继续英勇作战，乘胜追击。"施佩伯爵"号将舰上的所有重型大炮都对准了它们。七时二十五分，"埃贾克斯"号两座后炮塔遭敌人击毁，"阿基里斯"号也受损严重。它们都是轻型巡洋舰，完全不能与敌人的火力相提并论，"埃贾克斯"号上的哈伍德发现弹药即将用尽，决定停战，等待晚上再战，因为到了夜晚，他就有更好的机会使用轻型武器，甚至能够使用鱼雷。在烟幕的掩护下，他们离开了战场，敌人也未追击。这场战斗共持续了一小时二十分钟，战况十分激烈。当天，"施佩伯爵"号逃向蒙得维的亚，英国的几艘巡洋舰步步紧逼，与其偶有交火。午夜过后不久，"施佩伯爵"号停靠在蒙得维的亚湾修理，装载补给，运送伤员，将舰上的工作人员送至一艘德国商船上，并向元首汇报战况。其间在14日夜晚，我方的"坎伯兰"号一路开足马力从福克兰群岛出发接替严重受损的"埃克塞特"号。当时的局势充满了不确定性，这艘装备八英寸口径大炮的巡洋舰的加入使得局势恢复了平衡。

13日的大部分时间，我都待在海军部的作战室，兴奋地关注着这场海战跌宕起伏的进程。那天我们的心情一直都十分焦虑。张伯伦首

相当时正在法国慰问远征军。17 日，我写信给他：

　　如果"施佩伯爵"号能在今夜突出重围，那我们就继续
13 日的战争，用装备八英寸口径大炮的"坎伯兰"号代替
"埃克塞特"号。"施佩伯爵"号知道"声望"号和"皇家方
舟"号现在正在里约热内卢加油，这正是它的大好机会。而
从好望角驶来的"多塞特"号还要三天才能抵达，"什罗普"
号还要四天。虽然"埃克塞特"号受损严重，但幸好就在附
近福克兰群岛的"坎伯兰"号可以替补上阵。"埃克塞特"
号受到了数百次炮击，两座炮塔被毁，三门大炮不能继续作
战，舰上的官兵遇难人数达六十名，重伤人数达二十名。事
实上敌我力量悬殊，敌人的射程和火力远胜我方，"埃克塞
特"号此次参加了一场最勇猛、最果断的战斗。我们采取了
一切防范措施防止"施佩伯爵"号逃之夭夭，我告诉哈伍德
可以在三百英里范围内的任何地点自由进攻。但比起击沉该
舰，将其扣押更能打击德国海军的士气。不仅如此，这类战
斗危险重重，我们不能造成无谓的牺牲。

　　今日早晨，加拿大所有人员在主力舰队的护送下安全到
达，受到了安东尼和梅西的欢迎，我相信大部分位于苏格兰
西南部的格里诺克和格拉斯哥的人民也会欢迎他们的到来。
我们计划热情招待他们。他们即将前往位于苏格兰东南部的
奥尔德肖特，您很快就会亲自前往看望他们。

　　今日，从威克到多佛尔的东海岸一带发生了十次空袭，
袭击目标都是独自航行的船只，敌军只是为了泄愤，他们用
机枪扫射部分商船，有些在甲板上的人也中弹了。

　　我确定您在前线一定度过了非常有趣的时光，我希望您
认为最好的休息是换个环境。

1939 年 12 月 17 日

一听到发生了海战，我们就立即下令在蒙得维的亚海域集结强大的舰队。然而，我方的搜索舰队分布较广，没有一艘船在事发地点两千英里以内的海域。北方的 K 搜索舰队由"声望"号和"皇家方舟"号组成，十天前从开普敦开始执行搜索任务，现在正位于伯南布哥以东六百英里、距蒙得维的亚海域两千五百英里远的地方。在更远的北部海域，巡洋舰"海王星"号和三艘驱逐舰刚刚和法国 X 搜索舰队分开，一路向南驶去，目的是与 K 搜索舰队会合。这些战舰均奉命前往蒙得维的亚港，但必须要先到里约热内卢补充燃料。我们已经成功地让外界相信这些战舰已经驶离里约热内卢，并正以每小时三十海里的速度驶向蒙得维的亚。

　　大西洋的另一端，H 搜索舰队在非洲沿岸执行完搜索任务后，正在返回好望角补充燃料。只有"多塞特"号能够马上前往蒙得维的亚，虽然与海军准将哈伍德相距四千多英里，但也奉命前去支援。接着"什罗普"号也跟着出发。此外，"施佩伯爵"号可能向东逃窜，为了以防万一，由"格洛斯特"号、"康沃尔"号以及从东印度群岛出发的"鹰"号航空母舰组成的 I 搜索舰队此时均位于德班，统一由南大西洋方面的舰队总司令指挥。

＊　　　＊　　　＊

同时，朗斯多夫舰长于 12 月 16 日发电报给德国海军部：

　　　　蒙得维的亚港外的战略形势如下：除了巡洋舰和驱逐舰外，还有"皇家方舟"号和"声望"号。因为晚上的围追堵截十分严密，想要逃入公海，突出重围回到本国已然无望。请指示下一步行动，是要在水深不足的拉普拉塔河凿沉战舰，还是束手就擒？

在一次德国元首主持的会议上，雷德尔和约德尔做出如下回复：

利用一切手段延长停留在中立国家海域的时间……如有可能，突出重围前往布宜诺斯艾利斯。不得在乌拉圭被擒。如果不得不凿沉战舰，必须将其彻底毁坏。

之后，德国驻蒙得维的亚的大使发出报告，称关于延长在公海停靠七十二小时期限的交涉无果，于是，德国最高司令官批准了这些命令。

因此，在 17 日下午，"施佩伯爵"号把舰上七百多名船员，连同行李和补给品等转移至港内的德国商船上。海军准将哈伍德很快得知了"施佩伯爵"号正在起锚的消息。下午六时十五分，"施佩伯爵"号在人群的注视下缓缓驶离港湾，朝着大海进发，英国的巡洋舰正等着它自投罗网。晚上八时五十四分，正值日落之际，"埃贾克斯"号上的飞机报告称："施佩伯爵"号已经"自行爆炸"。此时，"皇家方舟"号和"声望"号还远在一千英里以外。

朗斯多夫舰长痛失"施佩伯爵"号，心如刀绞。尽管德国政府授权他全权处理，但在 12 月 19 日他这样写道：

此刻，我只能以死谢罪，以证明第三帝国的战士们时刻准备着为国旗的荣誉而牺牲。我对凿沉袖珍战列舰"施佩伯爵"号一事负有全责。如果我国国旗的荣誉受到了任何侮辱，我愿意用生命予以洗刷。我将直视我的宿命，我对国家和元首的事业与未来怀有坚定的信念。

当晚他就饮弹自尽了。

就这样，英国海上贸易航线面临的第一次海上袭击便告一段落，直到 1940 年春季，敌军才再次派出其他袭击舰，他们利用伪装商船发动袭击，新的战役由此拉开帷幕。这种袭击方式很容易躲避侦察，但另一方面，我们不必像打击袖珍战列舰那样动用如此多的力量，就能将其俘获。

＊　　＊　　＊

一收到"施佩伯爵"号被凿沉的消息，我便急不可耐地将分散在各处的搜索舰队召集回国。但"施佩伯爵"号的补给舰"阿尔特马克"号还在海上游弋，据说上面载有九艘被袭击舰击沉的船舶的船员。

致第一海务大臣：

　　既然现在南大西洋上除了"阿尔特马克"号，敌舰已经基本肃清，所以将"声望"号、"皇家方舟"号以及至少一艘装有八英寸口径大炮的巡洋舰召回国内至关重要。我们的护航工作可能会因此更加便利，舰上的修理工作和工作人员的休假问题也都能得到解决。我赞同你的计划，派遣两艘小型船只明日停泊于蒙得维的亚港内，但将 K 搜索舰队派至南部遥远地区实非明智之举。而且，可能无法被允许一次进入那么多艘船只。正如你所提议的那样，如果顺利进入蒙得维的亚港，让"海王星"号接替"埃贾克斯"号，事情会变得十分顺利。如果在回国的路上，所有返航战舰都可以在南大西洋搜寻"阿尔特马克"号，那自然更好。我认为我们应当把并非绝对需要的战舰全部召回国内。只要我们还在北方驻扎一天，我们就要经常从克莱德岛派遣两艘——最好是三艘战舰去支援北方巡逻队。我同意舰长坦南特的观点，德国海军为了夺回失去的荣誉，一定会急不可耐做出些事情。

　　我想知道你对这些事情的看法。

1939 年 12 月 17 日

我十分担心"埃克塞特"号，有人提议不必修理，将它留在福克兰群岛，等到战争结束后再做处置。对此，我并不同意。

致第一海务大臣、军需署长及其他人员：

根据"埃克塞特"号最初的损伤报告，它曾遭受过猛烈炮击，也曾进行过殊死抵抗。对海军部建造司来说，"埃克塞特"号能长时间承受住如此猛烈的炮击，也是对他们工作的莫大肯定。我们要大力宣传这个故事，删去不太适宜的内容（即不该让敌军得知的信息）。

对于维修，你们有何建议？福克兰群岛该做何安排？我认为"埃克塞特"号应当可以简单维修一下，再驶回国内进行彻底检修。

1939 年 12 月 17 日

致第一海务大臣、海军副参谋长、军需署长：

对于在战争时期暂不维修"埃克塞特"号的提议，我们不能同意。其内部结构应尽可能加强，并使用可以支撑的支柱。舰上所载的军火全部或者大部分应转移至一些商船或者供应船上。我们还不妨在舰上的某些地方放置木桶或者空油桶，减少随船人员，由护卫舰护航回国，目的地可以是地中海或者我方任何一处船坞。如果还不能修好"埃克塞特"号，那也要拆除舰上所有可用的大炮和装备，让其他新建舰船继续使用。

以上仅是我个人的构想，你们也许可以提出更具体的实施方案。

1939 年 12 月 23 日

致第一海务大臣及军需署长：

我还没有回复负责南美洲海军事务的海军少将，他向我发来电报称"埃克塞特"号已经没有价值了，不必维修。对此，我曾在备忘录中表达过不赞成的观点。这件事当下办得怎么样了？我从你们的谈话中得知，大家一致认为应当让

"埃克塞特"号回国彻底维修，维修时间并不需要海军少将预想的那么久。

现在到底该如何处理"埃克塞特"号？我们应该在什么情况下，在什么时候，用什么办法让其回国？如果我们把"埃克塞特"号留在福克兰群岛，要么它会在那里陷入危险境地，要么就得派遣一些重要的战舰前去保护。我很乐意听取你的提议。

1939 年 12 月 29 日

我的意见得到了采纳。"埃克塞特"号安全返回国内。在普利茅斯港，我踏上那千疮百孔的甲板，十分荣幸地向舰上英勇奋战的官兵们致敬。得以保留下来的"埃克塞特"号又服役了两年多，战功赫赫，但在 1942 年的巽他海峡的生死决战中被日军大炮击毁。

*　　*　　*

拉普拉塔河口外海战的胜利使英国上下举国欢庆，并且极大地提高了英国在全世界的声望。英国三艘小型军舰面对与其力量对比悬殊的敌舰，毫不畏惧地进行反击，这一英雄事迹广为流传，为世人津津乐道。关于这次海战，有人将它与 1914 年 8 月德舰"戈本"号从地中海的奥特朗托海峡逃脱事件做比较。为了能够客观评价当时的那位海军上将，我们必须意识到哈伍德麾下所有战舰的航速均快于"施佩伯爵"号，而 1914 年，海军上将特鲁布里奇麾下的军舰，除一艘以外，其余军舰的航速都比"戈本"号慢。无论如何，一想起这次海战总能让人倍受激励，为我们正在度过的这个阴霾而又压抑的冬季平添了一丝欢乐。

*　　*　　*

12 月 23 日，美洲各国认为拉普拉塔河口外的军事行动冒犯了美洲安全区，向英、法、德三国提出正式抗议。就在这时，我方巡洋舰恰好在美国海岸附近拦截了两艘德国商船，其中的"哥伦布"号是一艘重达三万两千吨的远洋油轮，它自行凿沉，舰上的幸存者被美国巡洋舰救起，另一艘则逃往佛罗里达水域。罗斯福总统迫于无奈，谴责了这些发生在西半球沿海的令人恼怒的事件。在回信中，我借机强调了拉普拉塔河口外的军事行动为南美洲各国带来的利益。南美诸国的贸易都曾因德国袭击舰而受阻，港口也被德国补给船占用并当作情报中心。根据战争法的规定，德国的袭击舰可以俘获任何在南大西洋与我们进行贸易的商船，或在安置好舰上的人员后将其击毁。这使美洲的贸易利益，特别是阿根廷的利益，蒙受了极大的损失。但是，拉普拉塔河口外的军事行动能帮助解决以上所有的问题，因此应该受到南美诸国的欢迎。可以说，由于这个军事行动，整个南大西洋海域现在甚至是将来永远不会再发生战斗了。南美洲各国对此应该如释重负，珍惜当下，因为他们现在拥有的安全区已经不是先前的三百英里，而是三千英里，并能长期享有。

还有一事不得不说，英国皇家海军为了尊重海上国际法肩负着重大责任，哪怕北大西洋只出现了一艘袭击舰，我们就需出动整个战斗舰队的一半力量，以确保世界贸易的安全。敌军为所欲为地投放磁性水雷，增加了我方驱逐舰和小型舰队的压力。如果我们不能顶住压力，那么和从遥远的海外每天听到隆隆炮声相比，南美洲诸国很快会遭遇到更为糟糕的局面，而且美国也将很快面临更为直接的麻烦。因此在这一艰难时期，我认为我有权请求南美诸国充分考虑英国所承担的重任，并对我们为了能在一定时间内以合理方式结束战争而采取的某些行动给予最大的理解。

附　录

对土耳其的海军援助

——1939 年 11 月 1 日海军大臣的报告

今天下午，我和第一海务大臣接见了土耳其的奥尔贝将军，告诉了他下述内容：

如果土耳其受到苏联威胁，那么，我国政府应土耳其政府请求，在某种情况下将派遣实力优于苏联黑海舰队的海军力量前去援助。为此，我们有必要在士麦拿湾和伊斯米德湾配备反潜艇和防空力量，如有必要，派遣英国技术官员加以协助。这些预防措施，是对现有在达达尼尔海峡和博斯普鲁斯海峡设置防潜网计划的额外补充措施。

我们现在不准备向土耳其做出任何承诺，也没有订立任何军事协定。意外或许不会发生。我们希望苏联可以严格保持中立态度，甚至有可能的话对我们态度友好。但是，要是土耳其觉得自己陷于危险处境，寻求英国的帮助，那么我们就可以根据地中海的局势和意大利的态度同土耳其进行协商。或许只要英国舰队抵达士麦拿湾就能阻止苏联走向极端，英国舰队进入伊斯米德湾，也许就可以阻止苏联对博斯普鲁斯海峡进行袭击。无论如何，我们为建立黑海制海权所采取的

必要措施，都是以此为出发点的。

奥尔贝将军对这个说明十分满意。他说，他完全明白两国之间并无约束。他一回国就会向政府报告，在这些基地上将进行必要的准备工作。

对此，我还没有从法理的角度进行考虑。原因在于，如果我们真的到了要订立正式协约的阶段，自然会讨论解决这些问题的。假定的原因是，土耳其只有在感觉自己危在旦夕的时候或者已经成了交战国才会寻求英国的援助。